EDAF

MADRID - MÉXICO - BUENOS AIRES

MÓNICA KOPPEL

GUIA COMPLETA DE FENG SHUI

LA TABLA DE ESMERALDA

© 2001. Mónica Koppel
© 2000. De esta edición, Editorial EDAF, S.A.

Editorial EDAF, S. A.
Jorge Juan, 30. 28001 Madrid.
Dirección en Internet: http://www.edaf.net
Correo electrónico: edaf@edaf.net

Edaf y Morales, S. A.
Oriente, 180, n° 279. Colonia Moctezuma, 2da. Sec.
C. P. 15530. México, D. F.
Dirección en Internet: http://www.edaf-y-morales.com.mx
Correo electrónico: edaf@edaf-y-morales.com.mx

Edaf y Albatros, S. A.
San Martín, 969, 3.°, Oficina 5.
1004 - Buenos Aires, Argentina
Correo electrónico: edafal3@interar.com.ar

No está permitida la reproducción total o parcial de este libro, ni su tratamiento informático, ni la transmisión de ninguna forma o por cualquier medio, ya sea electrónico, mecánico, por fotocopia, por registro u otros métodos, sin el permiso previo y por escrito de los titulares del Copyright.

4.ª edición, abril 2001

Depósito legal: M. 16.143-2001
ISBN: 84-414-0829-7

PRINTED IN SPAIN   IMPRESO EN ESPAÑA
Closas-Orcoyen, S. L. Pól. Ind. Igarsa - Paracuellos de Jarama (Madrid)

Índice

		Págs.
Agradecimientos		9
Prólogo		11
Prefacio		13
Introducción		15
1. HISTORIA		17
1.1.	El Chi	31
1.2.	Tao Yin/Yang	34
1.3.	Los Cinco Elementos	42
1.4.	La Ba Gua	57
1.5.	Elementos de la personalidad	68
1.6.	Las nueve curas básicas	70
2. PERFILES		75
2.1.	Terrenos	78
2.2.	Calles y entradas	84
2.3.	Vecinos	88
2.4.	Arboles y plantas	90
3. CASAS		93
3.1.	Declives e inclinaciones	104
3.2.	Las escaleras	107
3.3.	Las esquinas	108
3.4.	Columnas y chimeneas	109

Págs.

4. DISTRIBUCIÓN 111
    4.1. El dormitorio 113
    4.2. El salón 115
    4.3. El comedor 116
    4.4. La cocina 118
    4.5. El baño 119

5. ACTIVANDO ÁREAS 121

6. EL FENG SHUI EN LOS NEGOCIOS 135
    6.1. Áreas importantes a destacar de la Ba Gua según la profesión 141
    6.2. Las esquinas 142
    6.3. Los edificios 142
    6.4. Las puertas 146
    6.5. La imagen corporativa 147
    6.6. Medidas ideales recomendadas para los muebles 149
    6.7. Estructuras recomendadas para fábricas ... 152
    6.8. Colores sugeridos para coches según el signo zodiacal chino 152

7. EL FENG SHUI Y EL COLOR 165
    7.1. Ciclos aplicados al vestir 168
    7.2. Colores y sus asociaciones 169
    7.3. Usando el color 174
    7.4. Color en el paisaje 176

8. EL FENG SHUI EN EL JARDÍN 177
    8.1. Diseño de jardines 191

9. EL RITUAL DEL SOBRE ROJO 195

Conclusiones 197
Glosario 199
Bibliografía 201
Sobre la autora 205

Agradecimientos

PRINCIPALMENTE dedico esta guía a todas aquellas personas interesadas en el feng shui, en cambiar su vida y en mejorar física y espiritualmente.

A todos aquellos que han confiado en mí y me han apoyado.

Al profesor Thomas Lin Yun y todos y cada uno de sus discípulos, por sembrar la semilla de este conocimiento en mí...

A Cristal Chu y todo el equipo de Lin Yun Temple, por ser tan amables...

A Guadalupe Montes de Oca, por su cariño y ejemplo a seguir en su incesante búsqueda de crecimiento.

A Juan M. Álvarez, por su aprecio e interés por difundir el feng shui en el mundo de habla hispana...

A José Antonio Almazán, por su amistad e interés en ayudarme a lograr mis metas.

A Sean Xenja, Nancilee Wydra, Jamie Lin, Helen y James Jay, James A. Moser, David D. Kennedy y todos aquellos que han aceptado acompañarme en mis proyectos...

A Edgar Sung y su esposa, Cindy, por su cariño y gran amor por compartir su sabiduría.

A mi padre, a mi madre, mis hermanas, por ese amor silencioso que me impulsa día a día a crecer y por enseñarme a seguir una disciplina.

A Marta Lucía Olano, por invitarme a la Primera Conferencia Internacional de Feng Shui en Hispanoamérica como expositora, y vamos por la segunda...

A Bruno Koppel, mi esposo, por investigar en profundidad y escribir la sinopsis de la historia del Feng Shui, por ser tan auténtico, por su compañía y paciencia en mi constante búsqueda de cambio, por ese apoyo y ahínco en lograr todos mis objetivos, sin Él nada de esto sería realidad.

A Ana Paula, que es mi luz, pero sobre todo...

A Dios, por permitirme recibir todo este conocimiento, por guiarme en el constante ir y venir, con ese amor perfecto que solo Él puede dar...

Prólogo

MÓNICA KOPPEL ha logrado una notable contribución en el mundo para la promoción del antiguo arte chino del feng shui. A través del libro, y de una manera sencilla, revela y practica visiones extraordinarias de este arte ambiental.

Viviendo y trabajando en los Estados Unidos durante años, en la esencia del feng shui, estoy fascinado por la calidad informativa del libro de Mónica. De hecho, yo he estado presente en charlas y seminarios, observando el trabajo de Mónica y su forma muy especial de proyectar las enseñanzas del feng shui. Ahora su primer libro sobre este tema describe la historia, filosofía, métodos tradicionales y trascendentales de la Escuela de las Formas del Feng Shui, tal como la enseña el Gran Maestro de la Secta del Budismo Tántrico Tibetano, profesor Thomas Lin Yun. El libro es muy fácil de entender, su secuencia es muy lógica y diáfana, su información exacta y de acuerdo con las enseñanzas del profesor Thomas Lin Yun. El libro está escrito para que el uso de su contenido pueda emplearse provechosamente por hombres y mujeres de negocios, profesionales relacionados con el diseño y construcción de casas y edificios, para crear espacios de vida prósperos y armoniosos.

El antiguo arte ambiental del feng shui es algo complejo que requiere un conocimiento profundo de ciencias metafísicas chinas. El enfoque de Mónica hacia el arte ambiental del feng shui, en su primer libro está plenamente logrado y redactado de una forma muy comprensiva con la ayuda de una gran cantidad de ilustraciones.

Yo recomiendo sinceramente el libro de feng shui de Mónica Koppel a estudiantes y profesionales dedicados al diseño, construcción y decoración de hábitats, para ser utilizado como una herramienta útil y leal, crear armonía en los espacios de vida y energía.

Ing. Juan M. Álvarez, FRC
FENG SHUI CULTURAL CENTRE
Coral Gables, Miami, Florida, USA
1 de octubre de 1998.

Prefacio

LA CULTURA oriental está impregnada de sabiduría. Poco a poco hemos ido descubriendo su profundidad y su verdadera efectividad al aplicarla. Se basa totalmente en la naturaleza y sus ciclos, así como en la interacción del ser humano con su entorno, su propio ser y su propia madre: la naturaleza.

El feng shui es una disciplina fabulosa; emerge de China y consigue gran importancia y difusión actualmente en Occidente debido a las diversas opciones que presenta para armonizarnos con lo que nos rodea y crear espacios agradables y adecuados que permiten y favorecen el crecimiento físico, mental y espiritual del ser humano.

Es una filosofía producto de la observación, del estudio y de la sensibilidad del hombre hacia su entorno. Procede de un milenario investigar y nos brinda una gran respuesta a muchos de nuestros problemas cotidianos. Su principal finalidad es la armonía del universo, del mundo, del hombre y su entorno; somos parte de un todo, y el caminar en armonía con él nos hace fluir mejor con nosotros mismos y nuestra propia naturaleza.

La cultura oriental considera al aliento cósmico, llamado Chi, la energía o fuerza que nos mueve, nos rodea, beneficia o bloquea, y este debe circular y fluir con libertad y tranquilidad a su paso por el entorno para favorecer y promover un ambiente saludable para el hombre.

El estudio del feng shui es profundo; consiste en comprender la esencia del todo y del ser humano, es aprender a vivir en armonía con el mundo, con la naturaleza, con el cosmos y con nosotros mismos para poder generar cambios trascendentes y obtener como resultado una vida en equilibrio y abundancia tanto espiritual como física.

Esperamos que esta guía les sea de utilidad para cambiar su vida, ya que es producto del conocimiento que mejoró notablemente mi camino y mi relación con Dios, con la vida, con la naturaleza y todos aquellos que me rodean; de ahí el compartirla con ustedes, deseando reciban con amor la luz, la fuerza y la bendición que los llevará a mejorar en su vida profesional, material y espiritual a través del fluir con la armonía del cosmos.

Debo insistir en que este libro es una guía paso a paso para armonizar su casa, su negocio y su jardín, en la que he buscado describir con claridad el uso practico del feng shui que logra cambiar notablemente la vida de quien fluye con él. Es una guía producto de mis estudios y aprendizaje con diversos maestros que han representado un gran apoyo para mí y que quiero compartir con ustedes.

Introducción

¿QUÉ ES EL FENG SHUI?

EL FENG SHUI, cuya traducción literal es viento-agua, originalmente llamado Kan Yu, es el arte chino de la definición y diseño interior y exterior de un lugar determinado, partiendo de la orientación y ubicación de la puerta de entrada o acceso principal, para mejorar el Chi (aliento cósmico) del mismo. El Chi, o energía sutil de la naturaleza, es en lo que basa su estudio el feng shui para facilitar la armonía y equilibrio del hombre y la tierra; estos forman un todo, la salud de uno repercute en el otro, es la cooperación mutua que nos lleva a crecer. Ambos requieren la circulación equilibrada del Chi, positivo y negativo, que dan origen al Tao, cuyo significado es el «Todo». El «Tao» se refiere al camino o sendero que siguen los polos opuestos (Yin/Yang) para darse vida y lugar obteniendo por resultado el equilibrio perfecto.

El feng shui es el arte de encontrar un lugar adecuado para cualquier cosa de manera exacta y propicia.

Acorde con esta filosofía, nuestra vida y destino están entrelazados con el trabajo de las misteriosas fuerzas del universo y la naturaleza más que con las propias acciones del hombre; estas fuerzas son las responsables de la salud, prosperidad y buena suerte del ser humano. Todas las transmutaciones, desde lo cósmico a lo atómico, resuenan en nuestro interior. Algunos lugares son especiales, con más suerte o con mejores predisposiciones que otros. Si mejoras el lugar, cambias tu suerte, por consiguiente la meta del feng shui es modificar el ambiente para atraer la buena fortuna a tu vida.

El feng shui es aplicable desde pequeños espacios como una recámara, hasta las más grandes extensiones como rascacielos, en un jardín, en una empresa y hasta en el cuerpo humano a través de sus propios centros de energía (los chakras).

Mi interés en esta filosofía comenzó hace algunos años. La escuché en la Universidad en la Escuela de Arquitectura donde, en esa época, impartía la cátedra de Geometría Descriptiva. Desde pequeña he tenido un gran interés por el color, la armonía y la distribución de los objetos. Así llamó mi atención el feng shui.

Comencé a investigar y a asistir a todo curso que me era posible, cada vez comprendíamos más la esencia de esta filosofía y comprobábamos lo maravilloso de su aplicación ya que mi vida y la de mi familia empezaron a fluir en equilibrio y bienestar.

La escuela del Chi del budismo tántrico es la que más me apasiona; poder mejorar nuestra vida y la del mundo a través del feng shui y las diversas formas de aplicarlo nos han llevado a integrarlo como una disciplina básica en mi vida y la de mi familia, al igual que de todas las personas con quien la he podido compartir. Esta escuela me ha permitido aplicar esta milenaria filosofía de una forma más occidental y adecuada a mi estilo de vida, más adelante hablaremos de las diferentes escuelas de feng shui que existen.

El feng shui no es un curso que se realiza y después se colocan objetos al azar, no es el simple cambio de colores y mobiliarios; es el estudio profundo de la vida, su origen, el amor a la naturaleza y al planeta. Se convierte en una «forma de vivir» que nos lleva a crecer y fluir en armonía con el todo.

1
Historia

EL FENG SHUI surge de la observación de una mágica unión entre el hombre y su entorno, de una primitiva vida agraria al ver la suerte del hombre extrañamente ligada a los ciclos de la tierra, al clima, a la dirección y a la vegetación. Al percatarse del control que ejercían las fuerzas creativas y destructivas de la naturaleza, viento y agua, surge esta filosofía.

Alrededor del siglo III a. de C. el feng shui se dividió en dos importantes escuelas.

La primera: la Escuela de la Forma, basada en figuras, formas y cauces de ríos y montañas (paisaje, la vegetación y la fauna), empleando los cinco animales sagrados: el dragón verde, el ave fénix, la tortuga, el tigre blanco y la serpiente ocre, buscando la similitud de las formas de estos animales y aun de otros en el paisaje para con ello determinar si un sitio en particular posee buen Chi y así atraer buena fortuna a sus habitantes.

La segunda: la Escuela del Compás, usa una brújula de círculos concéntricos alrededor de un compás (I' o pan) que ubica direcciones y posiciones aplicando el zodiaco chino, la astrología y el *I Ching*, variando de 12 a 64 círculos concéntricos. El I' o pan apunta hacia el sur en el hemisferio Norte.

Ambas se fundamentan en la teoría taoísta (Yin-Yang).

De esta teoría se habla con mayor detalle en el capítulo I.

A fines del siglo XIX y principios del XX, de ambas escuelas surgen otras diversas basadas en estas dos primeras escuelas, algunas de ellas con puntos de vista diametralmente opuestos.

Existen expertos en feng shui de Corea, Japón, Laos, Tailandia, Filipinas, Malasia, Singapur, y por supuesto Hong Kong y Taiwan.

La secta budista tántrica del Sombrero Negro maneja un feng shui muy especial y existen pocos expertos en ella, uno de ellos es el profesor Thomas Lin Yun; es una escuela adaptable al mundo occidental que incorpora el aspecto material con el mundo occidental, llamándose a esto el aspecto trascendental.

El feng shui del Sombrero Negro surge de la mezcla de varias costumbres, pensamientos y practicas que son el resultado de la extensión del budismo desde la India al Tíbet y finalmente a China, donde se ve influido por el taoísmo y el feng shui, surgiendo así el que se aplica y estudia en Occidente. Crea una escuela del feng shui sencilla y clara que nos ayuda a mejorar el flujo del Chi en el lugar y a diseñar ambientes agradables. Esta escuela emplea curas o soluciones para corregir sobre todo problemas de tipo arquitectónico que afectan la circulación adecuada de Chi en el espacio.

Las curas que usa son (ru-shr) lógicas, materiales, palpables y (chu-shr) mágicas, llenas de fe, fortaleza mental y espiritual. De ellos hablaremos en un capitulo posterior.

Para utilizar el feng shui es necesario mezclar la sabiduría tradicional con nuestra intuición en el uso de curas que nos ayuden a armonizar el Chi en nuestro entorno y atraer armonía y bienestar, siendo esto reflejo de nuestra interacción con la naturaleza del cosmos.

Este manual se basa en el estudio del feng shui de la secta budista tántrica del Sombrero Negro y en el conocimiento expresado por el profesor Thomas Lin Yun y sus discípulos en Estados Unidos y otras partes del mundo.

La historia del feng shui se remonta, prácticamente, al origen mismo de la civilización china. Como autores de este libro, hemos querido presentar, en la forma más completa posible, una cronología detallada de los sucesos y eventos históricos que dieron origen al feng shui, así como a otras artes adivinatorias en la antigua China.

Este no pretende ser un libro de la historia de China, sin embargo, ciertas figuras mitológicas, así como personajes y eventos históricos, son fundamentalmente relevantes en el desarrollo del feng shui desde su incipiente inicio hasta nuestros días, en los que se ha extendido por Occidente.

Existen pocos datos fidedignos que puedan aportar evidencias contundentes acerca de la exactitud de su origen. Probablemente se debe a que estamos tratando un tema que es tan antiguo como la propia civilización que lo vio nacer.

Por otro lado, en aquellos tiempos en que aún no existía la escritura, los conocimientos se transmitían oralmente de generación en generación o de maestro a discípulo.

También existe la posibilidad de que antiguos textos, que pudieran haber contenido información relevante sobre el feng shui se encuentren perdidos o hayan sido destruidos, deliberada o accidentalmente, así como el hecho de que la historia, ya sea verbal o escrita, ha sido registrada por el hombre, y en ocasiones esto propicia que se entremezclen aspectos de carácter personal con los sucesos verídicos. Por otro lado, la mitología también tiene una importante participación en la documentación de hechos históricos, sobre todo cuando se trata de un tema tan antiguo como el que a este libro concierne.

En todas las culturas antiguas, desde la A hasta la Z, existen relatos de seres mitológicos, dioses y semidioses. Dioses que se entremezclaron con los mortales y mortales capaces de derrotar a los dioses.

La antigua civilización china no fue la excepción, y, como veremos en este capítulo, vamos a constatar la influencia de la mitología en el desarrollo e evolución del feng shui, pues a través de la mitología el hombre pretendió dar sentido a aquello que no le era posible explicarse por sí mismo o por medios convencionales o científicos.

Es imposible tratar el tema del feng shui sin reconocer otros aspectos, aparte de la mitología, que contribuyeron a darle su contexto actual, tales como:

- El He tu o Patrón del Río Amarillo.
- La creación de los ocho trigramas básicos que conforman la Ba Gua y son la base de los hexagramas del *I Ching*.
- El Lo Shu (cuadrado mágico) o Patrón del Río Lo.
- La Ba Gua.
- *I Ching* o *Ji Jing* (El Libro de los Cambios o Mutaciones).
- La teoría del Chi.
- La teoría del Yin/Yang.
- El Nei Ching o Nei Jing (el más antiguo tratado de medicina china y del mundo).
- La teoría de los Cinco Elementos (Wu Xing) y sus ciclos.
- La astrología china.
- Los diez tallos celestiales.
- Las doce ramas terrestres.
- La numerología China.
- El Tong Shu (almanaque chino).
- El culto a los ancestros difuntos.
- Xi Fang (las cuatro direcciones).
- La observación y estudio de las condiciones geográficas, climatológicas y topográficas del paisaje en China.
- La invención del Lluo9 Pan o Lo Pan (compás o brújula).
- El concepto Zuo Bei Chao Nan, que literalmente significa «Sentarse en el Norte y ver hacia el Sur».
- El confucianismo.
- El taoísmo.
- El budismo.
- La alquimia.
- La superstición.
- Las creencias populares.
- El folclor y creencias propias de los chinos.
- El chamanismo.

- La propagación de diversos métodos de adivinación como: 1) La fisiognomía (Xiang mian), que es la lectura de los rasgos característicos del rostro. 2) El Meng (destino), que es un sistema de adivinación chino que conjuga varios elementos del *I Ching*, la filosofía China, el feng shui y las ciencias. 3) El Zhan Gua, que es el sistema de adivinación por medio de los ocho trigramas. 4) El Zhan Ke, que es sistema de adivinación similar a los «volados», por medio del cual se lanza una moneda y depende de la cara que queda expuesta. 5) La quiromancia china (lectura de la palma de la mano) y su combinación con la fecha de nacimiento, método que se conoce como Xiang Ming.
- Un ambiente propicio auspiciado por las dinastías, las principales corrientes religiosas y filosóficas para el surgimiento de nuevos conocimientos.
- Una continuidad histórica casi inalterada.

Estos son tan solo algunos de los puntos, de los muchos posibles, que a lo largo de los tiempos han contribuido para que el feng shui y otras artes adivinatorias chinas tengan vigencia y gocen de creciente interés en el presente.

Antes de conocérsele con le nombre de feng shui (viento/agua), era el conocido como Kan Yu o Hum Yue, que puede traducirse como «Alza la cabeza y observa el cielo, baja la cabeza y observa la tierra», lo que representa una combinación entre los elementos visibles (Yu).

Y los elementos intangibles e invisibles (Kan).

A los maestros del Kan Yu se los conocía con los nombres de Fang Shih y Xiang Sheng (maestros de las técnicas esotéricas). A ellos se les trataba con todo respeto y reverencia, ya que en la mayoría de los casos eran consejeros de las cortes imperiales.

Los registros históricos muestran muy pocos nombres propios de los Fang Shih, pero no por ello dejaron de ser figuras importantes de su tiempo, y muestra de ello es que prácticamente todas las construcciones importantes de la antigua China fueron erigidas siguiendo las instrucciones de los Fang Shih, y muestra de ello es la propia Ciudad Prohibida de Pekín.

La práctica del Kan Yu comienza desde el principio de la civilización china, cuando por sentido común, lógica, intuición y observación de los fenómenos naturales los antiguos pobladores de lo que hoy es China buscaron los sitios cercanos a afluentes de agua y con topografía propicia para establecerse y asegurar su sustento básico. A la vez, buscaron lugares que les proporcionaran resguardo de las inclemencias del tiempo.

Esto no solo lo hicieron los antiguos chinos. Prácticamente todas las culturas antiguas hicieron lo mismo, ya que el aire está presente en todo lugar, pero no así el agua. Desde que el hombre tiene la capacidad del pensamiento ha reconocido su total dependencia de la tierra, su impotencia ante los agentes climatológicos y su necesidad vital de agua potable y para riego.

A medida que la antigua civilización china fue evolucionando y tornándose en una sociedad compleja con una estructura jerárquica imperial y una organización feudal, también el Kan Yu o feng shui dejó de ser una incipiente práctica, regida por el sentido común, para dar lugar a toda una fusión de conocimientos convertidos en arte y ciencia a la vez, solo reservado a las altas esferas de las cortes imperiales.

El Kan Yu nace como un reconocimiento del poder de la naturaleza en acción y de lo vulnerable que es el hombre ante su fuerza. Por ello, el Kan Yu es una guía para crear y vivir en espacios arquitectónicos que armonicen con su entorno, en vez de luchar en su contra, y como una extensión, la disposición del mobiliario y otros objetos, dentro de un espacio arquitectónico, deben de seguir las misma recomendaciones para ser un reflejo del equilibrio exterior en el interior, con el propósito de beneficiarse del flujo armónico del Chi (Energía) y lograr ser próspero, gozar de una buena salud, convivir con los semejantes, nutrirse de nuevos conocimientos, ser reconocido por sus méritos, entre otras consideraciones.

El Chi era el tema central de estudio de los maestros del Kan Yu. El Chi es el aliento cósmico y por sí mismo no tiene una polaridad específica, por lo tanto el Chi puede ser positivo (Yang) o negativo (Yin) y ejerce su influencia sobre todo ser vivo que se encuentre dentro de un cuadrante específico, sea este un espacio abierto o uno cubierto. Por la misma razón, al equilibrar las dos polaridades del Chi se puede lograr armonizar un lugar específico dentro de un cuadrante.

El Chi no es visible, es perceptible. Lo que se puede ver son los efectos del Chi. Por ello, los maestros del Kan Yu pasaban largo tiempo observando el paisaje, buscando la presencia, fuerza y polaridad del Chi. Observaban el cielo, la tierra, la fuerza de los vientos, la presencia de afluentes de agua, la topografía, el tipo de fauna y flora predominantes en un sitio específico.

Desde la Antigüedad el viento y el agua son dos de las fuerzas naturales más poderosas conocidas por el hombre, solo por debajo de la propia fuerza telúrica de la tierra. Estas fuerzas son capaces de reconfigurar el paisaje en tan solo unos pocos segundos y no están sujetas a los caprichos del hombre.

Probablemente, el cambio en la nomenclatura de Kan Yu a feng shui se debió a que, en aquellos tiempos, la gente común solo podía apreciar que los maestros del Kan Yu pasaban largo tiempo observando al Feng (viento) y al Shui (agua).

De hecho, el término feng shui es el resultado de una recomposición lingüística popular de los dialectos Chinos.

Existe un antiguo poema del folclor chino que dice:

Feng He	El Viento es suave
Ri Li	El Sol cálido
Shui Qingel	Agua clara
Shu Maola	Vegetación abundante

Este poema, sin duda, describe la ubicación ideal para asentarse o levantar una construcción, ya que en pocas frases describe la situación idónea para sustentar la vida.

De entre los elementos de la cosmogonía china, tanto el viento (Feng) y el agua (Shui) son vitales para la circulación y movimiento del Chi, ya que los otros elementos son estáticos, lo que significa que tienen su propio Chi, pero no lo pueden dispersar como lo hacen el viento y el agua.

CRONOLOGÍA

Como ya observamos, anteriormente, la cronología del comienzo de los tiempos está perdida en un oscuro abismo que el propio paso del tiempo se ha encargado de mantener. Lo que hoy podemos saber de las antiguas culturas es gracias a los pocos vestigios que se han podido rescatar de ellas.

Hoy en día, los arqueólogos, antropólogos e historiadores se encargan de recuperar los remanentes de nuestra memoria histórica, pero ellos mismo no han podido encontrar vestigios más allá de ciertos siglos antes de Cristo, y los vestigios que existen son tan solo una parte de un rompecabezas más grande que, lejos de aclarar dudas, plantea mas incógnitas. El hombre siempre ha querido conocer su propio origen, pues siempre ha cuestionado su propia existencia, pero cuando carece de elementos suficientes para darle sentido a su existencia, únicamente parece lógico recurrir a los seres mitológicos y dioses creadores de todo lo existente. De igual forma, el hombre también desea tener el poder de predecir su futuro y en todas las antiguas culturas surgieron métodos diversos para poder hacerlo.

PERIODO NEOLITÍCO

Este periodo antecede a cualquier registro escrito. Todo lo que sabemos de él es a través de hallazgos arqueológicos o por cuentos e historias transmitidos oralmente de padres a hijos.

El origen del universo y de todo lo que existe es un concepto que siempre ha intrigado a la humanidad. Desde tiempos remotos los antiguos filósofos chinos afirmaban que en el principio solo existía la Nada. Si lo vemos desde esta óptica, la ausencia de existencia es, por sí misma, una existencia en la que la Nada es la unidad de todo lo que existe, a lo que los chinos llamaron la Gran Mónada. Con el paso del tiempo, la Gran Mónada se separó en la dualidad de los principios masculino y femenino, los cuales, a través de un proceso de autogénesis o biogénesis, crearon todo lo que existe.

Tal vez, hoy en día este concepto tenga una gran coherencia. Sin embargo, para poder explicarlo a la población en general no era tan simple. Por ello es probable que esto diera origen a la primera figura mitológica de China.

Pan Gu o Pan Ku

Pan Gu nace de un huevo (posiblemente la Gran Mónada) en el medio de la Nada, después de miles de años de formación. Al romper el cascarón del huevo, tanto la oscuridad (—) como la luz (+) emergieron de él. Pan Gu los mantuvo separados por miles de años, hasta que estuvo seguro de que el orden imperaba y podía liberarlas. Completamente exhausto, Pan Gu empezó a morir y su último suspiro dio lugar al viento y su aliento a las nubes. Su cuerpo sufrió una metamorfosis en la que de sus ojos se formaron el Sol y la Luna; su voz se convirtió en los truenos; su sangre, en los ríos y lagos; su cuerpo formó la tierra, las montañas, valles y llanura; sus tendones se convirtieron en caminos; su vello corporal se transformó en árboles, flores, plantas y pasto; sus huesos y dientes se convirtieron en metales y piedras preciosas; su sudor se transformó en la lluvia y el rocío. Sus cuatro extremidades dieron origen a los cuatro puntos cardinales; los parásitos que inundaron su cuerpo dieron origen a los seres humanos y animales y sus miles de cabellos iluminaron el firmamento como estrellas.

Yu Chao (¿?)

De él se sabe muy poco, solo que fue uno de los primeros gobernantes sabios de la antigua China. A él se le achaca la creación de las primeras viviendas hechas de madera. Al parecer, estas viviendas solo las ocupaban durante la primavera y el verano, mientras que en el otoño e invierno, cuando el clima era más inclemente, buscaban refugio en cuevas. Los registros de esto aparecen en el *Wu du* (texto escrito durante el periodo de los Estados Beligerantes), dentro de la era de la dinastía Zhou.

Fu Hsi o Fu Xi

Se le sitúa dentro del grupo de los primeros monarcas sabios, en una época en la que aún las dinastías y la sucesión del poder se daba por méritos y no por descendencia.

La propia existencia de Fu Hsi es un misterio, ya que se trata de una figura que existió hace unos 4.800 años, aproximadamente. Lo que es cierto es que Fu Hsi, sea un ser verdadero o mitológico, es una de las figuras más importantes de la China antigua, tanto en el sentido práctico como en el esotérico.

Gobernante y chamán a la vez, se le atribuye el haber enseñado a su pueblo a pescar con redes (inspirado por las telas de araña) y a domesticar animales y a cocinar con fuego.

A él se le atribuye la invención de los pictogramas o escritura incipiente y de haber sido el consorte de la diosa Nü Kua.

Los antiguos relatos mitológicos dicen que Fu Hsi fue el hijo de una joven de Hua Xu y del dios del Trueno, por lo que era obvio que se distinguió, de entre los hombres comunes, por su notable inteligencia y capacidad de observación de los fenómenos terrestres y celestiales.

Fu Hsi estaba determinado a descifrar las leyes de la existencia, pues él notaba que todo lo que sucedía, tanto en la tierra como en el cielo y dentro del propio cuerpo humano, seguían ciertos patrones comunes de existencia.

A Fu Hsi se lo considera como el patrón de las artes adivinatorias y el primero en organizar sacrificios y culto en honor de los espíritus. Con respecto a él existen dos versiones principales acerca de la creación de los ocho trigramas:

1. La primera versión dice que después de una inundación, un mítico animal con cuerpo de caballo y cabeza de dragón emergió del río Huang ho (río Amarillo). Los habitantes, al tener conocimiento del evento, avisaron a Fu Hsi, quien descubrió que en un costado del caballo/dragón había una serie de marcas que formaban un patrón numérico, como se describe en las siguientes figuras.

A este patrón numérico se lo conoce como el He Tu o Ho T'u (patrón o mapa del río Amarillo). En él Fu Hsi encontró el orden perfecto de las fuerzas de la naturaleza.

Una noche, mientras observaba los leños que servían para prender fogatas, le vino una iluminación. A algunos leños les hacía unas hendiduras, en el centro, para poder colocarlos con mayor facilidad. Mientras caminaba alrededor de la fogata, y debido al cambio de perspectiva, algunos leños podían verse como una pieza entera ▬▬ (yang), mientras que los leños con hendidura parecían estar formados por dos piezas separadas ▬ ▬ (yin). De ahí le vino la idea de conformar con líneas, basándose en el He Tu, los ocho trigramas básicos del *I Ching* (*Ji Jing*) y darles una forma octagonal, tal como se puede apreciar en la figura siguiente:

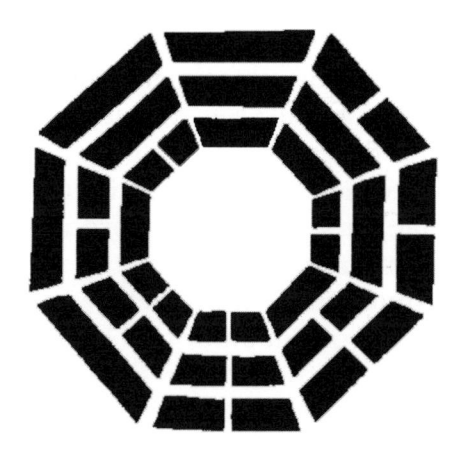

A esta configuración octagonal en particular se la conoce como Ba Gua del Primer Cielo o como Ba Gua de Fu Hsi. En ella se representa el orden perfecto de las fuerzas naturales en oposición directa una de la otra.

Cielo

Nota: En el interior de la Ba Gua están escritos en forma anglicanizada los nombres de los ocho trigramas en el sistema Pin Yin, que es el sistema oficial de la República Popular de China.

Es importante hacer esta aclaración antes de proseguir, ya que aun para los experimentados los nombres de los trigramas resultan confusos, ya que en cada libro que se ha escrito sobre feng shui, hasta el momento, cada autor escoge la nomenclatura de su preferencia, por lo que entre una publicación y otra los nombres parecen ser distintos, aun cuando su significado sea el mismo. Por esta razón recomendamos, tanto a los lectores experimentados como a los novicios, que memoricen la configuración de las tres líneas de cada Trigrama así como la caligrafía china que lo describe para evitar confusiones.

2. Otra versión, en un evento muy similar al primero, dice que Fu Hsi descubrió una serie de marcas, que formaban un patrón numérico, en el caparazón de una tortuga que emergió del río Lo después de una inundación.

Esta secuencia numérica es distinta de la del He Tu y es la base de la numerología china. Se la conoce como el cuadrado mágico de Lo Shu, ya que para cualquier lugar en que su sume el resultado es siempre igual a 15. El Lo Shu dio lugar a la Ba Gua del Segundo Cielo o Ba Gua de Weng Wang, que es la que se emplea básicamente en todas las escuelas de feng shui existentes.

El Cuadrado Mágico del Lo Shu

4	9	2	= 15
3	5	7	
8	1	6	
=	15		

Esta versión es más popular que la anterior, sin embargo incluye muchos elementos mitológicos, por lo que la veracidad de ella no es comprobable.

Posiblemente la figura siguiente sirvió para darle más apoyo a esta versión:

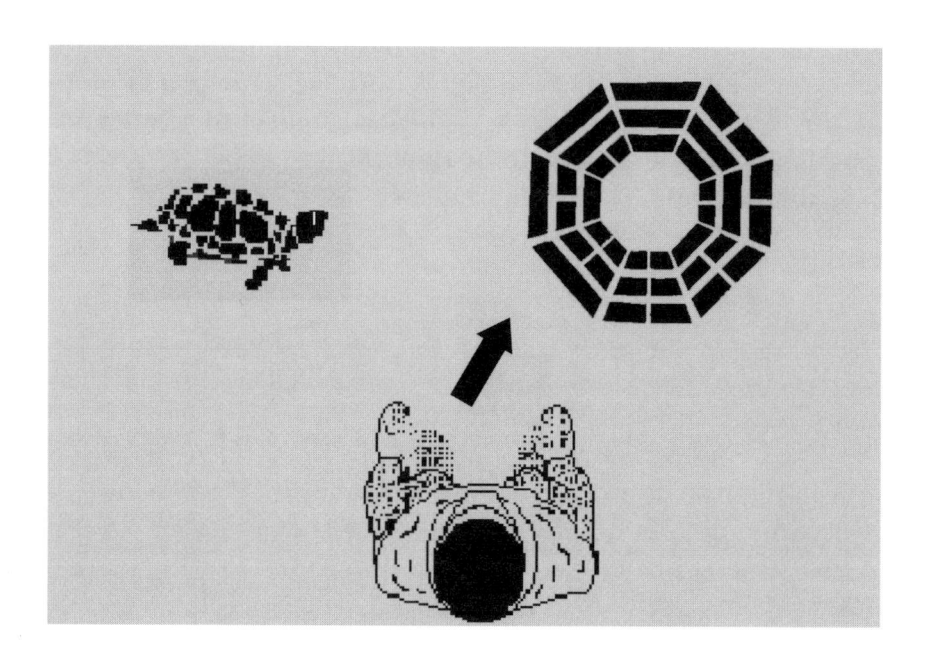

Fu Hsi, patrón de las adivinatorias chinas desde tiempos remotos hasta nuestros días. Probablemente una de las razones por las que se le acredita a Fu Hsi el haber integrado la Ba Gua o Patrón del Segundo Cielo (Lo Shu) es precisamente por esta litografía, en la que aparece Fu Hsi vestido con pieles de animales y con una pequeña tortuga acercándosele por su lado izquierdo. Noten cómo frente a su pie derecho aparece una Ba Gua (los ocho trigramas compuestos en la forma de un octágono). Si a esta Ba Gua se la observa desde la propia perspectiva de Fu Hsi, claramente se nota que la configuración corresponde al arreglo del Segundo Cielo.

Con este cuadro pretendemos recrear una vista aérea del cuadro anterior, en el que se puede apreciar con mayor claridad la perspectiva que tenía Fu Hsi, así como de hacer más claramente visible la composición del arreglo de la Ba Gua. La flecha apunta hacia el Trigrama Kan con el objeto de evitar confusión respecto al acomodo de los trigramas.

He aquí de dónde parte la Ba Gua, elemento esencial del feng shui, del cual posteriormente se hablara con más detalle.

1.1. EL CHI

Se conoce como Chi a la fuerza que une al hombre con su entorno, es el espíritu y energía humana o aliento cósmico. Es el elemento más importante en la aplicación del feng shui. El Chi da la vida a las plantas y a los animales, es la voluntad que estructura montañas y volcanes, determina la forma de árboles y plantas y genera ese toque distintivo a cada ser humano que llamamos personalidad. Es la esencia de la vida, y a esta energía también se la conoce en China como «venas del dragón».

Ilustración 1.1. El Chi reconoce a su paso y circula por las habitaciones entrando por la puerta.

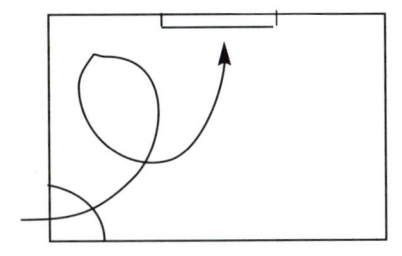

El Chi asciende y desciende, se mueve en todas direcciones. El que asciende es la energía Yang (+) y el que desciende es la energía Yin (—). El Chi Yang representa y atrae movimiento mientras que el Chi Yin representa calma y relajación, provoca falta de movimiento.

El Chi existe en todo, y así como la acupuntura trabaja con el Chi del cuerpo, el feng shui traduce el Chi de nuestro entorno trabajando con la superficie de la tierra y el Chi que la caracteriza.

<u>El Chi debe circular ascendentemente y en espiral para ser favorable</u>.

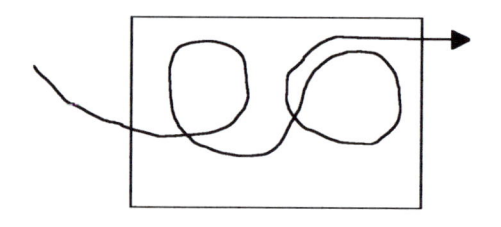

Ilustración 1.2. El Chi debe fluir libremente por el espacio arquitectónico.

Hay varios tipos de Chi:

- El que circula en la tierra.
- El que circula en la atmósfera.
- El que circula en nuestro interior.

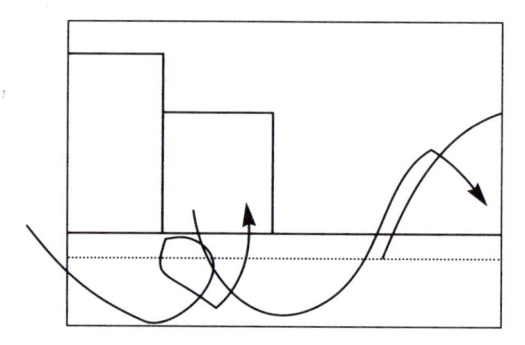

Ilustración 1.3. El Chi circula por nuestro entorno.

Sus características y la forma en que se manifiesta es diferente en cada uno de nosotros y es lo que nos da un toque distinto a cada uno, a cada cultura, a cada raza y a cada lugar del planeta.

El Chi está en el ser humano desde su nacimiento hasta su muerte. En su etapa embrionaria se llama Ling, al nacer un bebé se convierte en Chi y al morir el ser humano se vuelve a transformar en Ling, formado así un ciclo de vida, ya que dentro del feng shui los ciclos representan un aspecto importante debido a que el concepto de movimiento y cambio es lo que da estructura y fundamento a nuestra vida.

El Chi debe fluir suavemente a través del cuerpo hacia arriba, hasta la cabeza; si se bloquea el cuerpo, lo reflejará y se presentarán trastornos y malestares físicos a través de los chakras. Los chakras son los centros energéticos de nuestro cuerpo, por los que el Chi entra a nuestro cuerpo, fluye y sale del mismo, siendo canales de armonía interior del ser humano.

El Chi de la casa es similar al del ser humano, debe circular suavemente y este movimiento se verá reflejado en la atmósfera del lugar dándole más encanto, comodidad y bienestar, atrayendo así armonía y equilibrio a nuestra vida.

Es el aliento esencial para mantener el equilibrio físico, ambiental y emocional del ser humano y su entorno convirtiéndolo en el concepto más importante en el estudio del feng shui.

El objetivo del feng shui es armonizar el Chi del ambiente para mejorar el flujo del mismo en nuestro interior mejorando así nuestra vida y destino. El estudio del Chi nos lleva a determinar su recorrido para llegar a nosotros, sus vías de acceso a nuestra casa u oficina y a nosotros mismos, así como el encontrar los puntos agresivos que impiden que circulen con libertad.

El Chi atrae a nuestra vida buenas oportunidades de trabajo, de crecimiento y abundancia si nosotros nos aliamos con él y aprendemos a fluir en su compañía, siendo este el objetivo del libro hacia los lectores, para fomentar una comunicación a través del lenguaje natural con la naturaleza, el cosmos, la madre misma: la Tierra.

8   Transpersonal.
7   Coronario.
6   Tercer ojo.

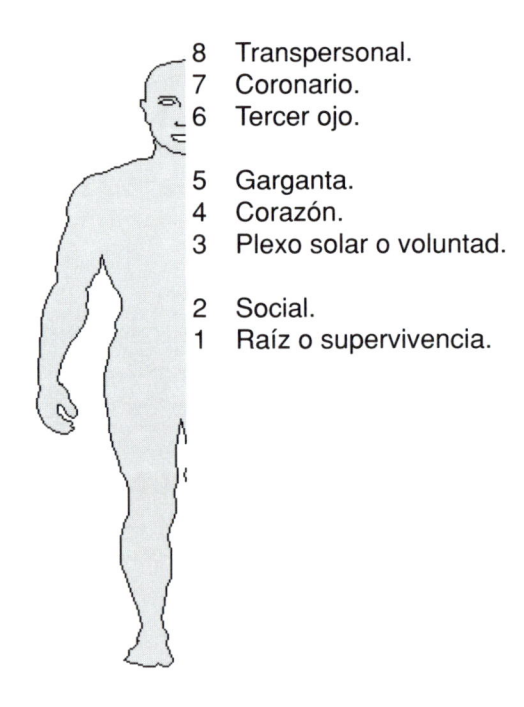

5   Garganta.
4   Corazón.
3   Plexo solar o voluntad.

2   Social.
1   Raíz o supervivencia.

Ilustración 1.4. El cuerpo humano tiene 8 chakras que son los canales de energía que conectan nuestro interior con lo que lo rodea.

1.2. TAO YIN-YANG

Dos factores importantes en feng shui son armonía y equilibrio, es decir, dos conceptos que unen al hombre con el universo, y a este proceso se le llama TAO. Es el proceso de cambio constante basado en los polos opuestos influenciándose uno al otro en su propia existencia.

El taoísmo es una filosofía que se basa en los patrones de la naturaleza. Complementado con el *I Ching* (El Libro de los Cambios), glorifica a la naturaleza y, a través del amor a la misma, dan sentido a la vida y paso del hombre por la Tierra. El *I Ching* es uno de los libros más antiguos que existen y está basado en aspectos de la naturaleza representados por líneas. La fuerza Yin se manifiesta como la línea discontinua y la Yang como línea completa que forman trigramas (grupos de tres de estas líneas), por ejemplo:

El trigrama Cielo que representa la fuerza Yang se manifiesta de la siguiente forma:

Mientras que la tierra que representa la fuerza Yin se manifiesta con tres líneas discontinuas:

El *I Ching* está formado por los ocho trigramas originales:

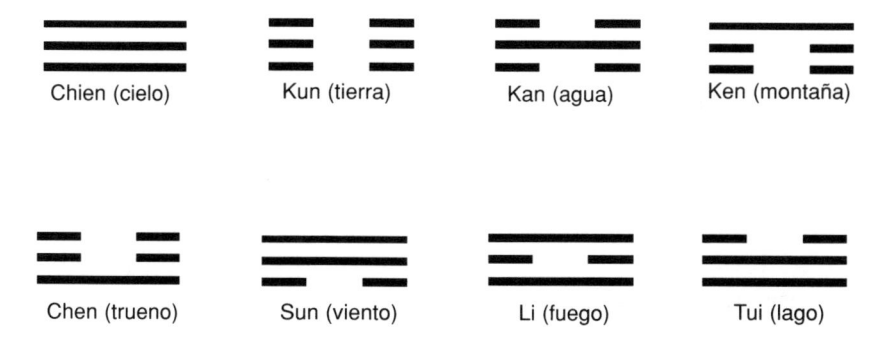

Chien (cielo)   Kun (tierra)   Kan (agua)   Ken (montaña)

Chen (trueno)   Sun (viento)   Li (fuego)   Tui (lago)

Estos, al multiplicarse por sí mismos, dan un total de 64 hexagramas, de los cuales cada uno tiene un distinto significado.

Considerando al Yin-Yang como las dos fuerzas que gobiernan el universo, siendo completamente opuestas, unidas son armonía = Tao, dependen la una de la otra; dándose existencia a sí mismas, una sigue a la otra constantemente, por ejemplo: el día da lugar a la noche, así como el cielo se lo da a la tierra.

El símbolo del **TAI CHI** representa al universo y está conformado por las dos fuerzas opuestas y complementarias, **YIN** y **YANG**.

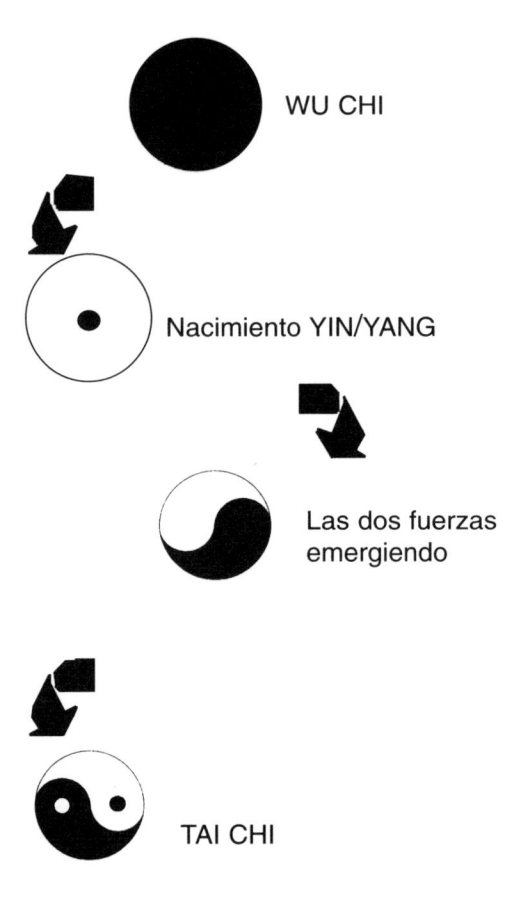

WU CHI

Nacimiento YIN/YANG

Las dos fuerzas emergiendo

TAI CHI

Ilustración 1.5. Aquí se muestra la formación de estas dos fuerzas Yin y Yang que parten del Wu Chi que significa los Cinco Elementos, de los cuales hablaremos más adelante, para dar forma al Tai Chi.

El **TAI CHI** representa a estas fuerzas opuestas como una sola entidad que coexisten en armonía. Estas dos fuerzas no son absolutas, como en la realidad es todo en el universo, ya que dentro del **YIN** hay **YANG** y dentro del **YANG** también existe el **YIN**; por ejemplo, el agua se considera Yin y, sin embargo, el agua en caída libre es más Yang que el agua contenida en un lago, he ahí la presencia de Yang dentro de Yin.

El TAO representa la unidad o el todo, y en el lenguaje chino significa «El camino» o «El sendero» que dirige desde un inicio, hasta que llega al final y sin obstrucciones.

Considerando al Yang como la fuerza positiva y el Yin la fuerza negativa, en la siguiente gráfica catalogaremos algunos conceptos bajo estos polos:

YIN (−)	YANG (+)
Femenino	Masculino
Material	Sin material
Pasividad	Actividad
Noche	Sombra
Sombra	Luz
Tierra	Cielo
Luna	Sol
Agua	Fuego
Frío	Calor
Estático	Movimiento
Energía potencial (poder)	Poder

YIN (−)	YANG (+)
Autoconsciente	Confianza
Frialdad	Apasionado
Introversión	Extraversión
Diligencia	Impulsividad
Flexible	Necio
Maternal	Paternal
Inseguridad	Aventurado
Dependencia	Independencia
Horizontal	Vertical
Viejo	Nuevo
Floral	Geométrico
Pared lisa	Pared compuertas y/o ventanas
Amargo	Dulce
Hija	Hijo
Suave	Firme
Construcción	Expansión
Descanso	Actividad
Invierno	Verano

En el *I Ching* Yin es − −, Yang es —

Para que el Yin exista debe existir el Yang, y viceversa; por ejemplo: el Yang es masculino y el Yin es femenino; para que pueda existir lo masculino es indispensable la existencia de lo femenino, y viceversa; para que exista lo femenino debe existir lo masculino; ambos polos se dan vida el uno al otro y se complementan para coexistir.

Los chinos consideran el interior del hombre Yin por que se refiere a los sentimientos, y el exterior Yang al concernirle la imagen que el hombre proyecta al exterior (imagen pública y social).

El Yin/Yang nos ofrece una alternativa para ajustar el equilibrio de nuestra vida, tanto en nuestras relaciones sociales como con lo que nos rodea; al detectar el predominio de una de ambas fuerzas en nuestro entorno se debe reforzar con la fuerza opuesta para obtener ese equilibrio que traerá armonía.

En algunas ocasiones todo es más Yin o más Yang, dependiendo con lo que se lo compara, un ejemplo sería que el descansar es más Yin que el trabajar, pero es más Yang que dormir.

A nivel personal también existe la influencia de estas dos fuerzas, por ejemplo: según las fases de la Luna nuestra actitud se convierte en más Yin o en más Yang, en luna llena nos convertimos más Yang y activos, en los días subsiguientes conforme decae la Luna nos vamos volviendo más Yin y es el momento de cultivar nuestro espíritu y paz interior, y lo mismo sucede con las estaciones del año como verano (Yang) e invierno (Yin).

El recorrido del Sol atrae al amanecer energía Yang a la casa y al atardecer energía Yin, por lo que se recomienda que en el área de la casa donde llega la energía Yang se coloquen las habitaciones de actividades que requieran nuestra energía Yang y en el lado contrario las que representen el Yin. Si tú eres una persona demasiado Yang, puedes pasar más tiempo en tus habitaciones Yin para equilibrar tu propio Chi, y viceversa. Aquellas habitaciones que se consideran Yang son las dedicadas a espacios de reunión y convivencia, como el salón o el comedor, mientras que las de descanso, como los dormitorios se consideran Yin.

En las formas de edificios también representamos el Yin y el Yang. Las construcciones altas y delgadas tienen más Chi Yin, mientras que las bajas y cuadradas son más Yang que el edificio. Cuanto más larga y delgada es la forma, más Yin representará, por ejemplo: pasillos largos o habitaciones rectangulares. Cuanto más compacta es la forma, círculos, octágonos o cuadrados, más Yang es la construcción. Lo mismo nos sucede con la iluminación, una construcción con amplias ventanas es mucho más Yang que aquella con reducidas ventanas y poca ventilación.

A nivel personal cada uno de nosotros también puede ser más Yin que Yang. Las características de una persona Yin hace referencia a aquellos que son más relajados, sensitivos, creativos e imaginativos; si su energía es demasiado Yin pueden ser depresivos, aletargados; por el contrario, las características de personas Yang son aquellas que son despiertas, rápidas, activas; el exceso de Yang las convierte en irritables, agresivas y enojonas. Esto se puede controlar a través de ejercicios, actividades y alimentos, y equilibrar nuestra propia tendencia de Yin o Yang para armonizar nuestro comportamiento y sensaciones interiores.

A continuación se presenta una tabla que contiene esa información.

Las formas, muebles, colores, pisos y materiales también se clasifican en Yin y Yang y nos ofrecen una alternativa importante para equilibrar la decoración.

	Yang	**Yin**
Formas	Círculo Octágono Cuadrado	Rectángulo Óvalo Alargado
Colores	Rojo Naranja Amarillo	Azul Verde Gris
Materiales	Cristal Mármol Granito Piedra pulida Piedra Metal	Madera trabajada Madera natural Textiles
Pisos	Mármol Granito Losetas	Tapetes Alfombras Carpetas
Ventanas	Persianas Metal Madera Papel	Tela Cortinas Gasa
Decoración	Esculturas de piedra Espejos Pinturas Abstractas/glaseado Metales	Madera Acolchado Tapiz de tela Tapiz de papel Tapetes

* *Practical Feng Shui*, Simon Brown.

Como seres humanos es posible que vivamos etapas Yin y etapas Yang, podemos lograr el equilibrio por medio de alimentos y deportes.

	Características físicas	Alimentos	Emociones	Deportes
Yang	Anchos Bajos Dedos cortos Ojos cercanos Labios delgados Cabeza redonda Ojos pequeños	Sal Carne Huevo Pescado Granos Vegetales de raíz Frijoles	Enojo Frustración Irritabilidad Competitividad Ambición Entusiasmo Confianza	Box Kárate Fútbol Tenis Aeróbic Jogging Caminata
Yin/Yang				Esquiar Surfear Equitación Danza Jardinería
Yin	Medidas proporcionadas Poco vello corporal Ojos grandes Labios gruesos Dedos largos Altos Altos Delgados	Vegetales Verdes Tofu Ensaladas Frutas Líquidos Helados Azúcar	Relajados Pacíficos Amables Sensibles Llorones Inseguros Depresivos Dormir	Caminata lenta Natación Tai Chi Yoga Meditación Masaje Descanso Descanso

1.3. LOS CINCO ELEMENTOS

Otra manera de equilibrar el Chi es a través de la teoría de los Cinco Elementos.

Esta teoría es fundamental en feng shui, y es a través de ella como el aspecto decorativo equilibrado de un lugar se puede lograr ofreciendo un ambiente agradable para el ser humano.

Los chinos consideran a estos elementos como: madera, fuego, tierra, metal, agua, y se considera la estructura de todo lo material en el planeta. Los elementos se relacionan con formas, colores, personalidades y actividades, de esto hablaremos con detalle mas adelante.

Ellos surgen del Yin/Yang en sus diversas combinaciones. El ser humano está compuesto de estos elementos, por lo que se siente cómodo si los tiene en su casa y en el trabajo, de una manera inconsciente los busca en su entorno y eso le permite encontrar apoyo en su propia naturaleza.

Estos elementos también se asocian con colores, estaciones, direcciones, plantas y órganos.

El definirlos y establecerlos nos revela lo que es necesario corregir para obtener un perfecto equilibrio en nuestro entorno y en nosotros mismos.

Los elementos pueden generarse y destruirse, al igual que equilibrarse entre ellos mismos.

Ellos forman ciclos que representan la esencia de la naturaleza misma, ofreciendo a quienes fluyen a través de ellos armonizarse con el cosmos.

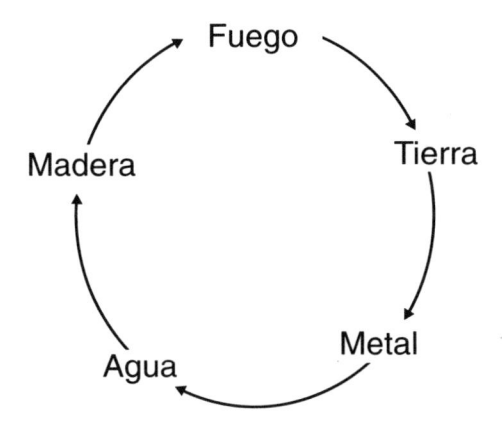

Ilustración 1.6. El ciclo generativo o de vida de los elementos representa la creación de todo.

El agua alimenta a la madera, es decir, para que una planta crezca necesita agua.

La madera genera al fuego, es decir, para que algo se queme necesita existir madera que reavive al fuego.

El fuego genera a la tierra; todo lo que se quema se convierte en polvo.

La tierra da vida al metal; todo los metales se forman en la madre tierra.

El metal da vida al agua; cuando el metal se funde, se convierte en líquido.

CICLOS DE GENERACIÓN

Agua

Metal

Tierra

Fuego

Madera

Agua

1.7. El ciclo generativo en un ciclo de crecimiento, por lo que se puede representar como se muestra en esta ilustración.

Más adelante detallaré lo que se adapta a cada elemento.

La aplicación de este ciclo a la decoración se sugiere de la siguiente manera:

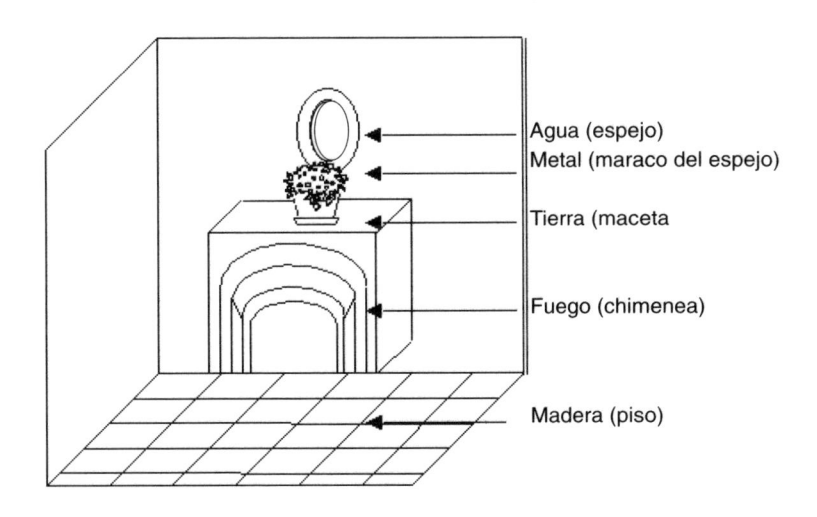

Agua (espejo)
Metal (maraco del espejo)
Tierra (maceta
Fuego (chimenea)
Madera (piso)

Ilustración 1.9

El ciclo de control y conquista representa los elementos que pueden ofrecer un recurso para disminuir el exceso y el predominio de otro elemento, ya que esta situación puede provocar desequilibrios de armonía en un lugar.

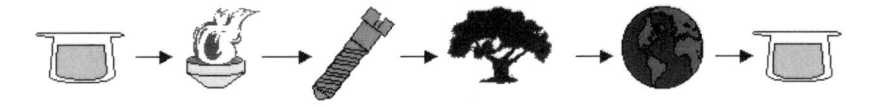

Ilustración 1.9

El agua controla y conquista al fuego; prueba de elloes que cualquier incendio se controla con agua.

El fuego controla y conquista al metal; lo representativo de esto es que los metales se moldean, en su mayoría, con fuego.

El metal controla y conquista a la madera; como explicación tendremos que la madera se talla y se le da forma con navajas de metal.

Dentro de este ciclo tenemos que la madera controla y conquista a la tierra; una forma sencilla de expresarlo es que generalmente cuando tenemos un terreno polvoriento esta situación se controla con algunas plantas, representantes primordiales del elemento madera.

El siguiente elemento, la tierra, controla y conquista el agua, y esto se muestra en que la tierra contiene agua formando un río o un lago, dándoles así un cauce o forma evitando una incontrolable circulación de la misma por toda la superficie.

Esto nos muestra cómo la naturaleza comparte un parámetro de comportamiento y convivencia a través de su actitud y constitución. El aliarnos con ella e imitarla nos conduce a obtener esa abundancia infinita que ella misma nos ha ofrecido desde nuestro origen como seres vivos.

El ciclo destructivo nos habla de la parte destructiva de la naturaleza misma, la que acaba y obstruye el crecimiento y desarrollo de la naturaleza.

Este ciclo representa el punto extremo del exceso de control, que tiene como consecuencia la desaparición del elemento existente.

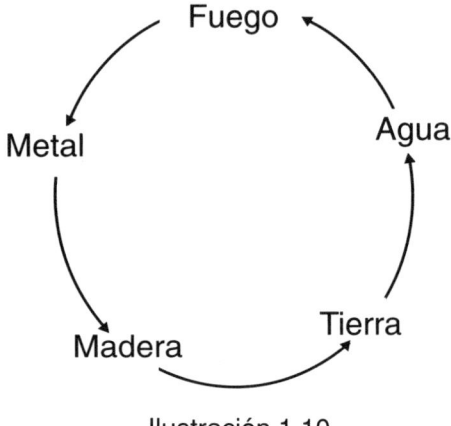

Ilustración 1.10

Explicando este ciclo, nosotros ya vimos cómo el agua controla al fuego, mas si abusamos de este proceso el agua apagará completamente el fuego. Asimismo, el fuego moldea al metal, pero puede llegar a fundirlo completamente, al igual que el metal puede cortar totalmente a la madera rompiendo su estructura inicial.

La madera controla a la tierra con la presencia de algunas plantas, pero si caemos en la exageración, demasiadas plantas cubrirán completamente la tierra apagando su presencia y agotándola de sus nutrientes por la excesiva absorción de los mismos, y por medio de las plantas, así como el exceso de tierra, desaparecerá la presencia de agua; un ejemplo sería el de un lago que se cubre completamente de tierra secando la presencia del agua en el mismo.

Este ciclo representa problemas y conflictos que nos llevan a la destrucción.

Gráficamente se presenta de arriba abajo, siendo su significado el que la naturaleza se destruye y evita su propio crecimiento y evolución, reflejando problemas constantes y dificultades a todos aquellos habitantes de lugares con estas condiciones.

Mas adelante explicaremos la aplicación de esta teoría en la casa y en las construcciones; por el momento, la finalidad de este capítulo es la comprensión de esta teoría para, poco a poco, paso a paso, irnos involucrando más en la aplicación práctica y tangible.

Al aplicar estos ciclos se puede levantar el Chi del lugar y obtener beneficios a través de su circulación equilibrada y armónica, generando un flujo que traerá felicidad, prosperidad y abundancia.

Estos elementos se combinan y se complementan armonizándose entre sí; un ejemplo es un acuario, mezcla de los cinco elementos en toda su expresión: arena (tierra), agua (agua), plantas (madera), peces (fuego), piedras (metal).

En la casa y en la oficina puedes lograr infinidad de combinaciones a través de colores y objetos que generan comodidad y bienestar, al igual que un flujo armónico del Chi, recurriendo a la representación y aplicación de esta teoría tal como la hemos explicado.

Puedes observar dentro de casa qué elementos predominan y cuáles faltan y así armonizar el Chi aplicando preferentemente el ciclo de generación de los elementos que nos llevará a un crecimiento y desarrollo del Chi que nos beneficiará y se reflejará en una evolución constante y natural en todos los aspectos de nuestra vida.

Esta es una de las formas más completas de obtener un equilibrio esencial dentro del feng shui.

CICLO DE DESTRUCCIÓN

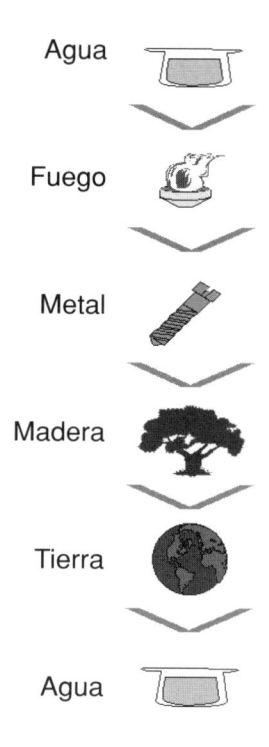

Agua
↓
Fuego
↓
Metal
↓
Madera
↓
Tierra
↓
Agua

Ilustración 1.11

Un ejemplo práctico de este ciclo que nos representaría un conflicto en casa podría ser una chimenea forrada de metal. Como ya lo explicamos, el fuego destruye al metal, por lo que este objeto, en lugar de representar un beneficio, va a ocasionar al propietario problemas y conflictos constantes con personas y amistades, al igual que en sus relaciones sociales. El efecto destructivo del fuego sobre el metal es demasiado fuerte, sin embargo, la forma de corregir este problema es la siguiente:

La destrucción debe cambiarse hacia un crecimiento, por lo que recurriremos al ciclo de vida. En este ciclo, el fuego genera a la tierra y esta al metal. Así, al tener fuego destruyendo metal, la presencia de tierra cambiará esa destrucción por crecimiento. Posteriormente se presentará una clasificación de objetos por elementos para escoger la opción más adecuada basándose en la decoración del lugar para atraer abundancia natural por medio de la distribución de elementos.

Contrariamente a lo que algunos opinan, también los ciclos de destrucción y control representan importantes «curas» cuando hay predominio de algunos elementos.

Cuando predomina en un lugar el elemento madera, esto nos genera una sensación inconsciente de flojedad, cansancio y tedio, por ejemplo, una cabaña en un bosque; esto se puede controlar por medio del elemento metal, que nos ofrecerá un mayor equilibrio en este caso.

El predominio del metal nos provoca frialdad, por ejemplo, una habitación blanca, con suelo de mármol, mobiliario y objetos metálicos. El elemento que nos propone el equilibrio en este caso sería el fuego, armonizando y controlando ese exceso de frialdad.

El exceso de elemento tierra nos provocará demasiado arraigo hacia el lugar y se reflejará en una actitud inconsciente de búsqueda excesiva de la estabilidad, lo que puede crear estancamiento en vez de crecimiento, por lo que el emplear madera logrará armonizar y controlar el estancamiento excesivo a través de su frescura y vitalidad.

El fuego en demasía deviene en estrés, tensión, inquietud, por ejemplo: el patio de un colegio lleno de niños genera nerviosismo y alteración; aplicando el ciclo de control, el elemento agua traerá tranquilidad y suavidad a esta energía promoviendo un equilibrio agradable que se reflejará en el ser humano y en su actitud y comportamiento.

Agua en abundancia provocará exceso de inestabilidad, intranquilidad, diversidad de opiniones, cambios bruscos de estado de ánimo y depresiones emocionales que se contrarrestan con tierra, al ser este elemento el que ofrecerá estabilidad y equilibrará armónicamente los efectos excesivos provocados por el agua.

Cada elemento comprende diversos objetos, colores y formas; a continuación se presenta una clasificación de los mismos.

MADERA (MU)

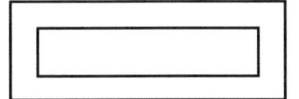

- Muebles de madera y accesorios.
- Paneles, perfiles, techos y duelas de madera.
- Vigas.
- Flores y plantas (naturales).
- Flores y plantas artificiales (seda, plástico, secas).
- Textiles derivados de plantas como algodón y lino.
- Tapicería y blancos con motivos florales.
- Pinturas, cuadros y retratos de paisajes, jardines, plantas y flores.
- Formas de troncos tales como: columnas, vigas, postes y rayas.
- Espectro de colores: verde y azul.

TIERRA (T' U)

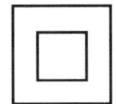

- Adobe, ladrillo, estuco, arena.

- Cerámica y objetos de barro o materiales extraídos de la tierra.
- Cultivos.
- Fibras sintéticas como: poliéster, licra, seda sintética, acetato, etc.
- Cuadros, pinturas y retratos de desiertos, planicies, etc.
- Formas cuadradas o rectangulares y superficies largas y aplanadas.
- Espectro de colores: amarillo, ocres y colores térreos como terracota.

FUEGO (HUO)

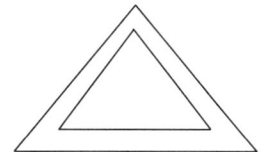

- Todo tipo de fuentes de luz, ya sean: eléctricas, velas, aceite o petróleo, solar y chimeneas.
- Artículos o ropa hecha a partir de animales, tales como: pieles, plumas, hueso, lana, seda.
- Animales caseros y en estado natural o salvaje.
- Retratos, cuadros, pinturas y figuras de personas y animales.
- Cuadros, retratos y pinturas de fuentes de luz.
- Formas: pirámides, triángulos y conos.
- Espectro de colores: rojo y naranja.

METAL (CHIN)

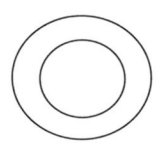

- Todo tipo de metales: acero inoxidable, cobre, hierro, latón, oro, plata, aluminio, hierro, etc.
- Rocas y piedras, así como el mármol y granito.

- Cristales naturales como: gemas y piedras preciosas.
- Arte y esculturas hechas de piedra o metal.
- Formas circulares, ovaladas y en arcos.
- Espectro de colores: blanco y tonos pastel.

AGUA (SHUI)

- Fuentes, albercas y recipientes con agua.
- Ríos, riachuelos, lagos.
- Acuíferos.
- Peceras o acuarios.
- Superficies reflejantes como: espejos, cristales y vidrio.
- Formas libres o asimétricas.
- Espectro de colores: negro, colores oscuros como el azul marino y el gris.

Por medio de esta clasificación se puede comenzar un análisis de lo que existe en nuestra casa, y empleando los ciclos de elementos encontrarás interesantes objetos que pueden ser causantes de un gran crecimiento personal y profesional para ti, así como otros que pueden estar provocando conflictos constantes en tu vida.

La teoría de los Cinco Elementos nos ofrece una armonización y equilibrio total de nuestra vida ya que abarca más de lo que nosotros mismos podamos imaginar. Sin embargo, nos habla de la estrecha relación del ser humano con su entorno y su naturaleza, ese ser que le dio vida y espacio y al que tanto hemos insistido en dominar y destruir.

A continuación se presenta una gráfica que muestra la correspondencia de los elementos con nuestra vida, brindándonos la respuesta de a qué elemento recurrir en nuestro entorno para obtener lo que necesitamos, por ejemplo:

Tenemos el caso de una persona de edad avanzada con problemas de insomnio, con sentimiento de soledad y abandono, así como de falta de confianza y esperanza. Su habitación es de color blanco, sin decoración alguna, con muebles de madera color oscuro y una ventana grande con cortinas blancas.

Analicemos la situación: la habitación blanca y las cortinas del mismo color nos hablan de un exceso del elemento metal, lo que está provocando ese sentimiento de soledad, abandono, falta de confianza y esperanza.

La falta de cuadros decorativos reflejan la ausencia de esperanza y el insomnio.

¿Qué sugeriríamos?

A partir de la información que se presenta en la siguiente gráfica el elemento agua nos ayuda en casos de insomnio, por lo que una pequeña fuente será de gran ayuda en este caso. El elemento madera promoverá la confianza y la esperanza, por lo que sugeriría cuadros con motivos de paisajes boscosos y algunas plantas pequeñas cerca de la ventana, las cortinas deberían ser de un tono verde oscuro, dejando la pared de color blanco.

Con estos sencillos cambios promovemos un ajuste decorativo que influenciará el aspecto inconsciente de la persona que habita en este lugar creando un espacio más adecuado que le traerá más armonía y bienestar a su vida.

Observa y analiza tu entorno, haz la prueba y tú mismo notarás estos cambios. La sensación es preciosa, pues estás fluyendo con la energía de la naturaleza, de tu planeta y del cosmos.

	ELEMENTOS*			
	Promueve	**Ayuda**	**En contra**	**Arriesga**
Agua	Desarrollo interior. Tranquilidad. Espiritualidad. Actividad sexual. Sueño. Independencia. Pensamiento objetivo. Concepción.	Gente mayor. Estrés. Insomnio. Convalecencia. Enfermedades. Problemas sexuales.	Actividad. Expresividad. Pasión.	El silencio. Soledad.
Madera	Nuevos proyectos. Trabajo. Comienzos. Actividad. Ocupación. Ambición. Concentración. Iniciativa.	Gente joven. Reconstruir una carrera. Falta de confianza. Necesidad de comienzo. Letargo.	Romance. Relajación. Paciencia. Estabilidad. Seguridad.	Ambición. Exceso de trabajo. No relaja. Hiperactividad.
Fuego	Pasión. Expresión. Fama. Fiesta. Estimulación mental. Nuevas ideas. Sociabilidad. Espontaneidad.	Adultos. Difícil de convivir. Falta de inspiración. Timidez.	Relajación. Concentración. Detallismo. Pensamiento objetivo. Estabilidad emocional.	Estrés. Argumentación. Separación. Exceso de emociones.
Tierra	Estabilidad. Estancamiento. Seguridad. Cuidado. Armonía familiar. Maternidad. Hogar. Precaución. Pensamiento metódico.	Gente joven. Comenzar una familia. Discusiones familiares. Ser muy impulsivo. Arriesgado.	Pensamiento ágil. Ambición. Dinamismo. Espontaneidad. Nueva carrera. Nuevo negocio.	Volverse lento aburrido.
Metal	Planificación. Finanzas. Liderazgo. Organización. Negocios.	Madurez. A ser organizado. Falta de control. Falta de inspiración. Falta de habilidad para terminar cosas.	Dinamismo. Expresión. Mostrar sentimientos. Comenzar proyectos.	Ser antisocial. Introversión.

* *Práctical Feng Shui*, Simon Brown.

Cada elemento va a regir una determinada actitud y esto se puede aplicar empleando las formas, colores y imágenes que lo representan.

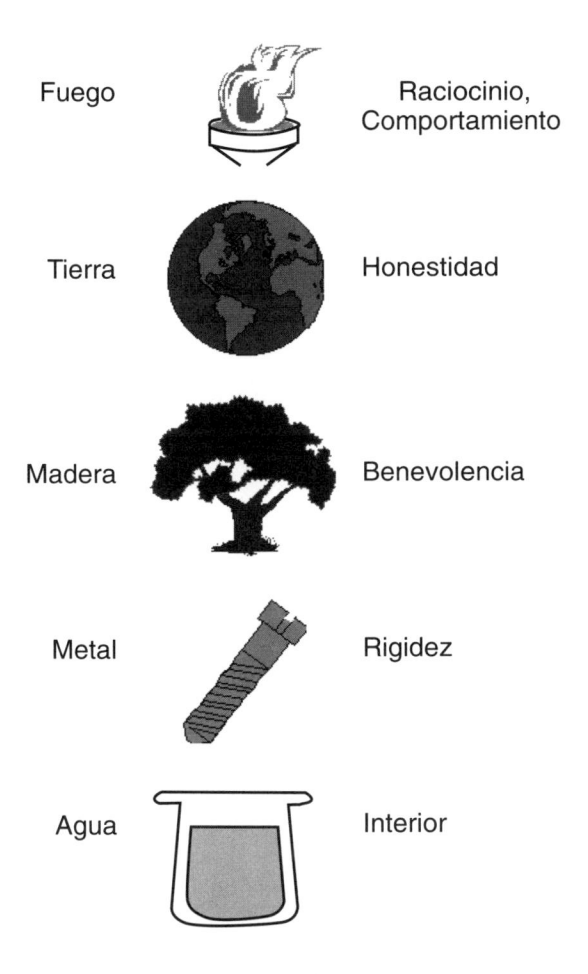

Elemento		Atributo
Fuego		Raciocinio, Comportamiento
Tierra		Honestidad
Madera		Benevolencia
Metal		Rigidez
Agua		Interior

El fuego favorece las cuestiones relacionadas con el pensamiento, el raciocinio y el comportamiento; un ejemplo de su aplicación sería el siguiente: un jardín de infancia tiene como finalidad despertar estas cuestiones en los infantes, la sugerencia sería que el techo de los salones de clase fuera triangular, ya que el triángulo representa el fuego, favoreciendo así el fácil desarrollo intelectual de los niños.

Ilustración 1.12. Casita de techo triangular representando elemento fuego.

El elemento tierra fomenta la honestidad, necesaria en el caso del empleado de cobranza de un lugar; se sugiere pintar la oficina de este empleado de un color representativo de tierra (arena, amarillo, mostaza), generando una respuesta inconsciente del empleado a través del color.

En el caso de la madera fomentaremos la benevolencia, ¿qué opinas de los uniformes de un color que recuerda a la madera? El verde; ¿en que casos? En aquellos en los que intervenga la atención al publico, maestras, pedagogos, etc.

El metal favorece la rigidez y lo representa el blanco. Existen lugares como las oficinas gubernamentales en las que esta actitud es importante; en este caso el color puede ser una buena opción.

Cuando se necesite destacar la expresión y los sentimientos, la presencia de agua, ya sea por medio de las fuentes o paisajes acuíferos, será de gran ayuda, promoviendo la liberación emocional y el descanso físico y espiritual.

Estos son algunos ejemplos del empleo de los Cinco Elementos en nuestra vida cotidiana. Es importante resaltar que forman parte de nosotros y representan la alianza y conjunción con la naturaleza, aspectos que como seres humanos constantemente estamos en su búsqueda para encontrar un equilibrio natural con lo que nos rodea.

1.4. LA BA GUA

La Ba Gua es la herramienta mística basada en el *I Ching,* del cual ya hablamos anteriormente, que se usa para diagnosticar el desequilibrio de Chi en el ambiente y en tu vida. Se usa para determinar qué área necesita mejorar dentro de casa y ubicarla energéticamente. Es un octágono regular cuyas 9 divisiones o áreas se refieren a aspectos importantes de la vida cotidiana del ser humano.

Se puede aplicar a un terreno, casa, dormitorio, muebles o persona. Se basa en una figura geométrica regular: un octágono dividido en nueve aspectos importantes de la vida del ser humano: matrimonio, fama, dinero, familia, benefactores, trabajo, conocimiento, hijos, y el TAO o centro es la salud. Se considera una figura sagrada debido a que al ser un octágono cuenta con ocho lados, y es precisamente el numero 8 el que representa la eternidad **8**; por ser una imagen de constante movimiento, no tiene un principio, al igual que tampoco un final, lo que la convierte en algo eterno y continuo.

A través de ella se determinan las áreas a corregir por medio de «curas». Las curas son objetos que podemos colocar para favorecer y mejorar el flujo de Chi en nuestra casa.

Está formada por trigramas del *I Ching* que representan la conexión entre el destino del hombre y la naturaleza.

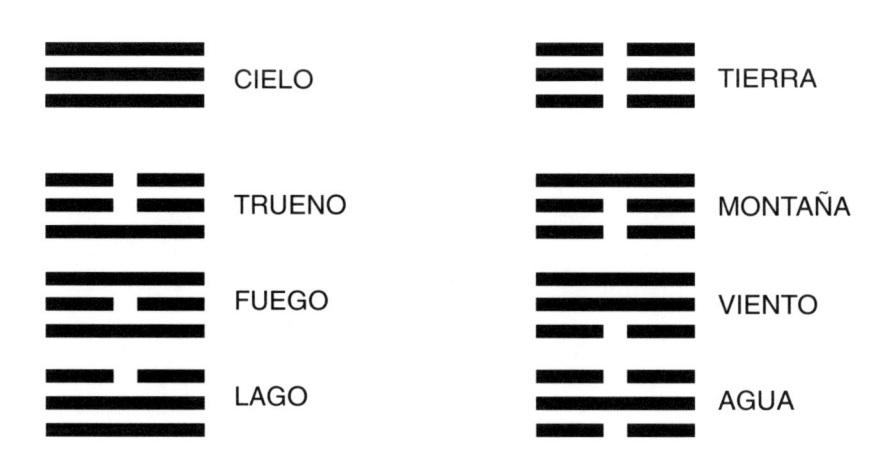

☰	CIELO	☷	TIERRA
☳	TRUENO	☶	MONTAÑA
☲	FUEGO	☴	VIENTO
☱	LAGO	☵	AGUA

En el trigrama, la parte superior representa el cielo, la intermedia al hombre y la inferior a la tierra, representando la cosmogonía cielo-hombre-tierra.

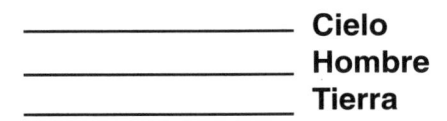

```
————————————  Cielo
————————————  Hombre
————————————  Tierra
```

Estos trigramas se convirtieron en símbolos de otros conceptos como puntos cardinales, órganos del cuerpo o relaciones familiares, y cada área representa un elemento:

Para aplicar la Ba Gua, es primordial la posición de la puerta de la entrada a la casa, al terreno, a la habitación

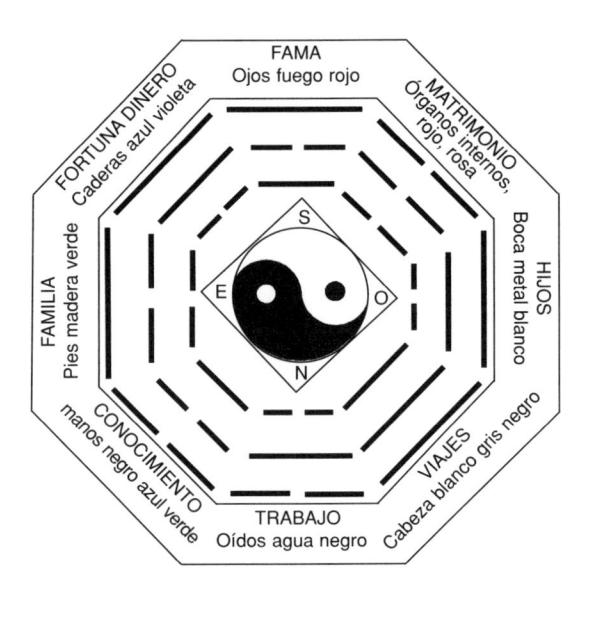

Ilustración 1.13. La Ba Gua representa 9 aspectos importantes de nuestra vida, ubicando la salud en centro, rige órganos y cada color activa al flujo del Chi con respecto al color que se refiere a cada área de este octágono.

u oficina, considerada la boca del Chi, y va a determinar dónde se sitúan los ocho «gua» en una habitación.

La boca del Chi se refiere al lugar por donde penetra el Chi la habitación.

Al colocar la Ba Gua en un lugar solo hay tres posibles posiciones de entrada, es decir, al trazar un plano arquitectónico de la casa nos vamos a basar en la puerta de entrada principal que se ubicará en la parte frontal del plano.

Conocimiento
1.14. Puerta a la izquierda

Trabajo
1.15. Puerta al centro

Benefactores
1.16. Puerta a la derecha

Una puerta de entrada del conocimiento beneficiará las cuestiones de estudio para los habitantes de la casa o habitación en la que se encuentra.

Al tenerla en el trabajo, acarreará mucho trabajo en la casa y en los benefactores facilitará la llegada de oportunidades y relaciones favorables a nuestra vida. La posición de la puerta principal determinará el flujo de Chi hacia nuestra casa.

La Ba Gua puede alargarse o aplanarse para adaptarse a cada espacio y determinar si este es completo o si sobran o faltan áreas.

Es importante hacia dónde abre la puerta de entrada para determinar el acceso de Chi a la casa; para esto se sugiere observar la dirección de la calle principal frente a la puerta de la casa.

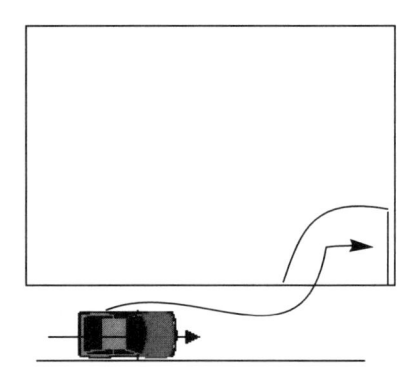

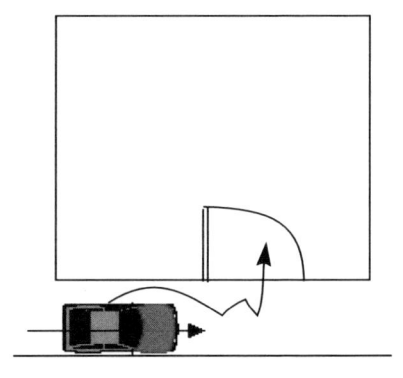

Ilustración 1.17. Esta puerta dificultará la llegada de Chi ya que choca con el acceso del mismo.

Ilustración 1.18. Esta puerta permite un espacio amplio de acceso al Chi que proviene de la calle.

Para determinar un sobrante o un faltante, es recomendable trazar un eje de simetría a nuestro plano arquitectónico; cuando el área sobrante es mayor de la mitad simétrica, entonces nos está faltando; cuando esta es menor, entonces tenemos una extensión de la misma.

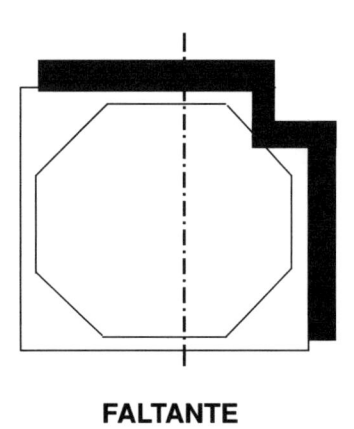

FALTANTE

EXTENSIÓN

1.19. Un faltante representa la ausencia de un área, provocando problemas referentes a un aspecto de nuestra vida.

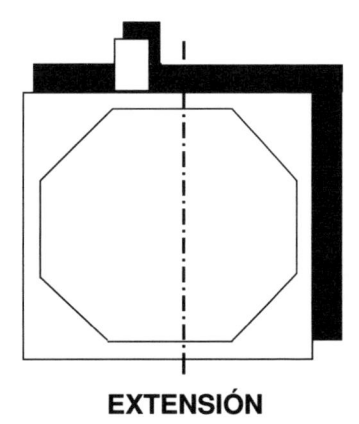

1.20. Una extensión representa un regalo a un aspecto de nuestra vida.

Cuando el garaje está pegado a la casa, este se integra y completa la Bagua, como se muestra en la siguiente ilustración:

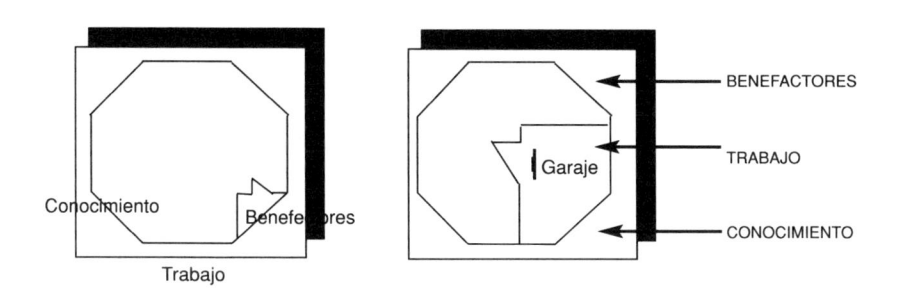

1.21. El garaje se integra a la Ba Gua del plano, ubicando la entrada principal por el área de trabajo de nuestro octágono.

Cuando tenemos una extensión en el área, esta trae buena suerte a los residentes en ese aspecto de su vida.

Cuando tenemos un área faltante, esto nos ocasiona problemas y repercute en nuestra vida; para solucionar esto se recurre a cualquiera de las 9 curas básicas para completar esa área y corregir nuestro problema energético; de estas 9 curas básicas hablaremos ampliamente en el punto 1.6 de este capitulo.

A continuación se presenta una gráfica que analiza cada área de nuestro octágono presentando el nombre de cada trigrama, su significado, el elemento que rige, los colores que activan y favorecen el Chi en cada una, los animales cósmicos que protegen cada espacio, la revelación familiar que representa y los órganos del cuerpo estrechamente ligados con cada una.

TABLA DE LOS TRIG

Trigrama	Nombre	Caligrafía	Gua Respectivo		9 Estrellas
☰	Chien	乾	Benefactores Viajes	NO	6
☵	Kam	坎	Carrera/ Trabajo	N	1
☶	Ken	艮	Conocimiento Autocultivación	NE	8
☳	Chen	震	Familia/ Ancestros	E	3
☴	Sun	巽	Prosperidad/ Abundancia/ Oportunidad	SE	4
☲	Li	離	Reconocimiento Fama	S	9
☷	Kun	坤	Matrimonio/ Relaciones/ Amor	SO	2
☱	Tui	兌	Hijos/ Creatividad	O	7
☯	Tai Chi	太极	Salud	C	5

RAMAS DE LA BA GUA

Elemento	Fuerza natural	Color	Animal cósmetico	Relación familiar	Tipo	Órgano/ Miembro
Metal	Cielo	Gris Negro Blanco		Padre Hombre mayor	Yin	Cabeza Pulmones
Agua	Agua	Negro	Tortuga negra	Hombre joven Hijo medio	Yin	Orejas Sangre Riñones
Tierra	Montaña	Azul Negro Verde		Hijo menor	Yang	Manos Dedos
Madera	Trueno	Verde	Dragón verde	Hijo mayor Hombre maduro	Yang	Pies Garganta
Madera	Viento	Púrpura Rojo Morado		Hija mayor Mujer madura	Yang	Cadera Glúteos
Fuego	Fuego	Rojo Naranja	Ave Fénix Roja	Hija media Mujer joven	Yin	Ojos Corazón
Tierra	Tierra	Rosa Rojo		Madre	Yin	Abdomen Estómago Órganos Internos
Metal	Lago	Blanco	Tigre blanco	Hija menor	Yang	Boca Pecho
Tierra		Amarillo Ocre	Serpiente Ocre		Yin/ Yang	Otras partes del cuerpo

Cuando vimos el tema del Yin/Yang expliqué que en el *I Ching* la línea completa se considera Yang y la incompleta Yin; esto nos permite descubrir la relación familiar de cada trigrama en la Ba Gua.

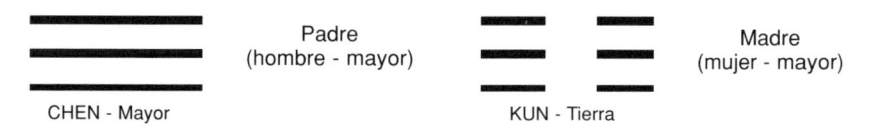

CHEN - Mayor — Padre (hombre - mayor)

KUN - Tierra — Madre (mujer - mayor)

Considerando el Yang como masculino, 3 líneas Yang se van a referir al hombre mayor. Mientras que el Yin es femenino, tres líneas Yin se refiere a la mujer mayor.

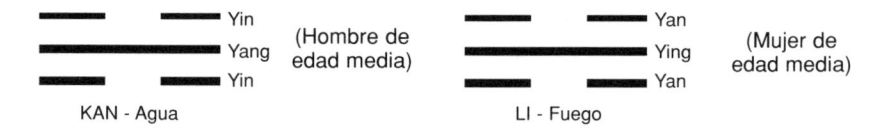

KAN - Agua — Yin / Yang / Yin (Hombre de edad media)

LI - Fuego — Yan / Ying / Yan (Mujer de edad media)

La línea que difiere es la que determina el femenino o masculino, así como la posición determina la edad.

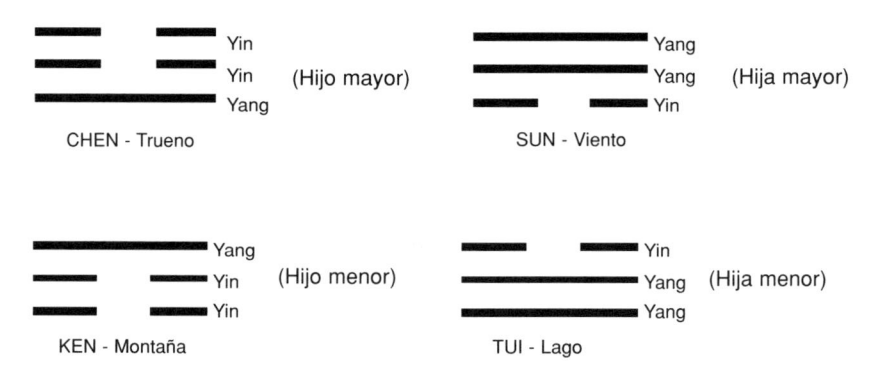

CHEN - Trueno — Yin / Yin / Yang (Hijo mayor)

SUN - Viento — Yang / Yang / Yin (Hija mayor)

KEN - Montaña — Yang / Yin / Yin (Hijo menor)

TUI - Lago — Yin / Yang / Yang (Hija menor)

Basándonos en la escuela de las formas (explicada anteriormente), se consideran 5 animales cósmicos que protegen cada área y se refieren a diferentes puntos cardinales. Al Sur se ubica el Ave Fénix Roja, representada por un pequeño montículo al frente de la casa; al Norte ubicamos la Tortuga Negra, que se manifiesta como una montaña de forma circular en la parte trasera que protege de los vientos provenientes del norte y atrae estabilidad a la casa. Al Este ubicamos al Dragón Verde y al oeste el Tigre Blanco. Ambos son representados por montañas protectoras. El Dragón Verde debe ser más alto que el Tigre Blanco para ejercer control sobre su fiereza y evitar accidentes o dominación del exterior sobre los habitantes de la casa.

Ilustración 1.22.

Se recomienda un río tranquilo y de cauce ondulante frente a la casa que traerá la abundancia al lugar, ya que los chinos relacionan el agua con la abundancia.

A continuación se presenta gráficamente qué elemento rige en cada área de la Ba Gua.

CORREGIR Y UBICAR ELEMENTOS EN LA BA GUA

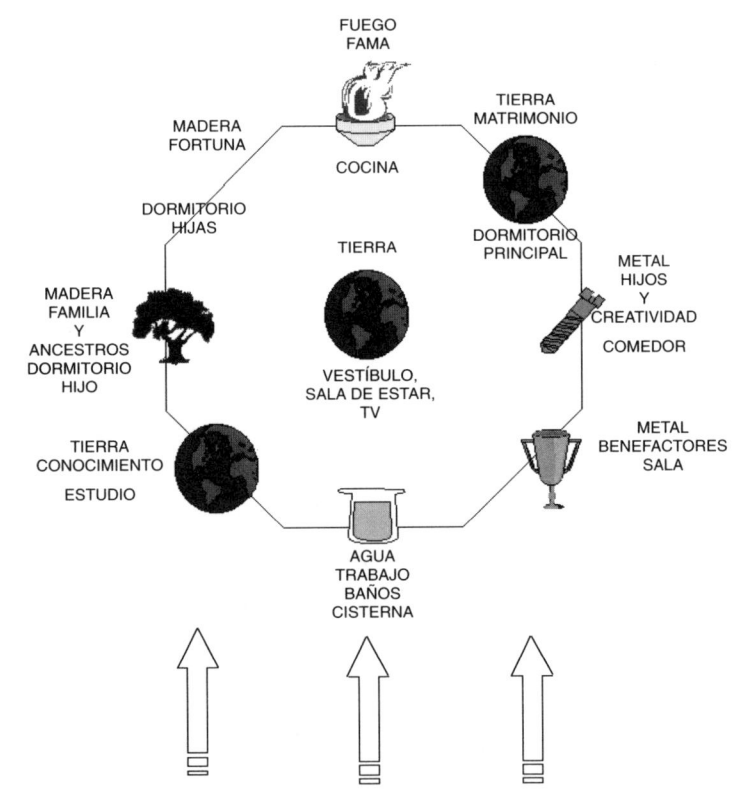

Ilustración 1.23. En esta gráfica, basándome en los elementos que rigen cada área, se presentan algunas sugerencias de donde poder ubicar distintas habitaciones que tienen correspondencia directa con el elemento que domina en cada área de la Ba Gua.

Según el elemento que rige cada área y los ciclos, tanto de generación como de destrucción, podemos armonizar empleando la siguiente gráfica lo que está dentro del círculo es lo que se debe evitar, y también se presenta lo que nos va a favorecer, por ejemplo:

El área de trabajo la rige el elemento agua; basándose en el ciclo generativo, el metal va a dar vida al agua, por lo que su presencia empujará el área hacia un beneficio; la presencia de agua reafirmará su propia esencia; el agua da vida a la madera, por lo que su presencia atraerá hacia un crecimiento las situaciones de trabajo. En el ciclo destructivo el agua destruye al fuego y la tierra al agua, por lo que estos elementos en exceso deben evitarse, pero, por ejemplo, ¿qué hacemos en el caso de tener la cocina, representante de fuego, en área de agua? Debemos colocar otro elemento que nos origine un cambio de ciclo destructivo a generativo de la siguiente forma:

En el ciclo destructivo el agua destruye al fuego mientras que en el creativo el agua da vida a la madera, y la madera al fuego; por consiguiente, el elemento a enfatizar en este problema es madera.

Con esta herramienta se puede lograr armonizar con elementos y la gran ayuda del Yin y Yang, obteniendo ambientes muy agradables y bonitos.

La presencia de los elementos se logra colocando los objetos presentados anteriormente como representativos de cada elemento.

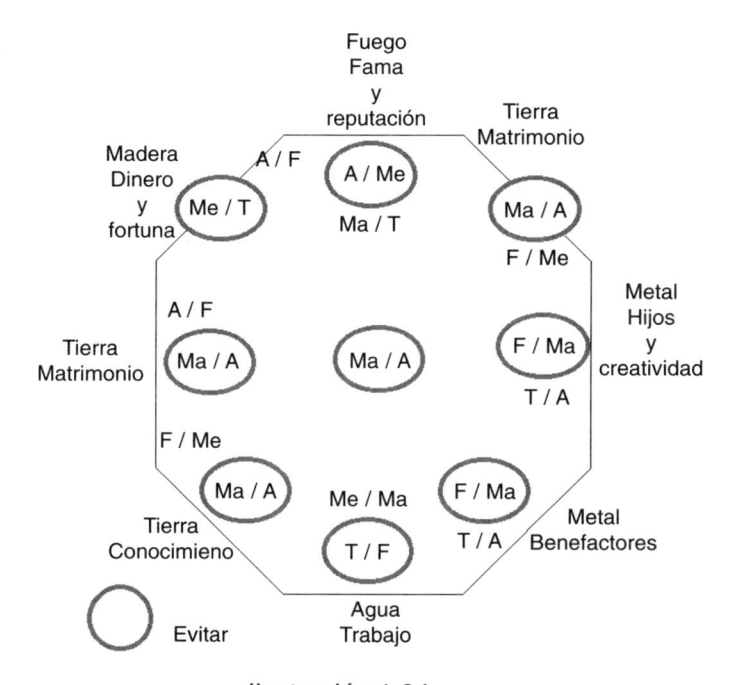

Ilustración 1.24

Como ejemplo, hablaremos del área de benefactores.

El elemento que rige en esta área es metal, por lo que el colocar un objetivo que represente metal en esta área de la casa reafirmará la ayuda y la presencia de benefactores en nuestra vida. El elemento que genera al metal es tierra, su presencia en algún objeto impulsará el crecimiento al igual que la presencia de agua ya que el metal genera al agua, reflejándose esto en una constante llegada de amigos, clientes, benefactores y buenos proyectos a nuestra vida.

En esta área se debe de evitar la presencia de fuego, por ejemplo, la cocina o la chimenea, ya que el fuego destruye al metal y se reflejaría en falta de benefactores en nuestra vida y alejamiento de oportunidades.

La forma de corregirlo es la siguiente: en el ciclo generativo el fuego genera a la tierra y esta al metal, por lo que el colocar objetos de tierra será lo que haga desaparecer el ciclo destructivo y lo convierta en ciclo de crecimiento.

De esta forma aplicamos ciclos de vida en cada área de nuestra casa y fomentamos un crecimiento constante en nuestra vida.

1.5. ELEMENTOS DE LA PERSONALIDAD

Los elementos también engloban nuestra personalidad. A continuación presento una descripción de cada uno, identifica cuál eres tú.

MADERA

Las personas caracterizadas por este elemento son generalmente de piel bronceada, altas (árboles) o bajas y muy energéticas (arbustos), tienen flexibilidad y cejas y mandíbulas marcadas.

Son agresivas, directas y decididas, de carácter fuerte y gran iniciativa. Disfrutan de la naturaleza y buscan su frescura en el medio ambiente.

AGUA

Este género tiene huesos largos y caderas amplias, presentan ojeras y mirada profunda. Su expresión es fuerte, la frente es alta y redonda. Son pacíficos, tranquilos y aman la soledad.

FUEGO

Personas voluntariosas, alegres y activas; de ojos brillantes, sonrientes. Encantadoras, divertidas y traviesas, muy variables emocionalmente. Aman los colores brillantes y los retos.

TIERRA

Son redondeados y suaves, cálidos, amables, acariciadores. Son abrazables y acariciables, de mejillas llenas y bocas carnosas, generalmente coleccionan objetos.

METAL

Extremadamente organizados, limpios y controlados, intachables. Poseen rasgos aguileños, facciones finas y delgadas. Su piel es blanca.

Cada persona busca rodearse del elemento que lo caracteriza y se da vida con el elemento que lo genera, también puede recurrir a igualarse con el elemento que lo controla, ya sea en su forma de vestir o en los objetos que la rodean.

De esta forma podemos ubicar el elemento de cada cual, por ejemplo: yo soy elemento fuego, por lo que el color negro me hace sentir muy bien al vestir de ese color; como la madera le da vida al fuego, la presencia de plantas en mi oficina genera un ambiente agradable de trabajo mientras que la tierra, elemento al cual fuego le da vida, me permite estabilizar mis proyectos y pensamientos, lo he representado en mi oficina con macetas de barro.

Cuando el elemento fuego rige en exceso mi personalidad, es decir, me lleva a demasiada actividad y estrés, recurro al elemento que controla al fuego, el agua, y a vestirme de colores oscuros, que representan el agua me hacen sentir muy bien y controlar el estrés.

Con lo aprendido hasta este momento puedes aplicarlo de igual manera y observarás cómo percibes tu vida con mayor equilibrio y armonía.

1.6. LAS NUEVE CURAS BÁSICAS

Las nueve curas básicas son de gran ayuda para corregir algunos problemas, sobre todo arquitectónicos, y poco a poco iremos viendo la forma de emplearlas.

Hay dos tipos de curas, ru-shr y chu-shr.

Las curas ru-shr son lógicas, racionales, tangibles y materiales.

Las curas chu-shr son irracionales, místicas y trascendentales.

Ambas son necesarias para mejorar el Chi humano, generando salud, alegría y buena fortuna en el hogar a través de su empleo adecuado en nuestra casa.

Existen nueve curas básicas (ru-shr):

— Objetos brillantes: espejos, esferas de cristal facetadas, luces.
— Sonidos: Wind Chimes (campanas de viento), campanas, música.
— Objetos vivos: plantas, bonsáis, flores, acuarios o peceras, mascotas
— Objetos móviles: móviles, molinos de viento, veletas, fuentes.
— Objetos pesados: piedras o estatuas

- Objetos eléctricos: aire acondicionado, estéreo, televisión.
- Flautas de bambú.
- Colores.
- Creatividad.

Los espejos se consideran aspirinas del feng shui por el importante uso que tienen; se emplean tanto para atraer el Chi favorable de la calle como para rechazar el Chi de un edificio vecino muy alto que perjudique. Existen espejos convexos, cóncavos y planos. El espejo convexo atrae y amplía todo aquello que queremos atraer, como dinero o el Chi de la calle.

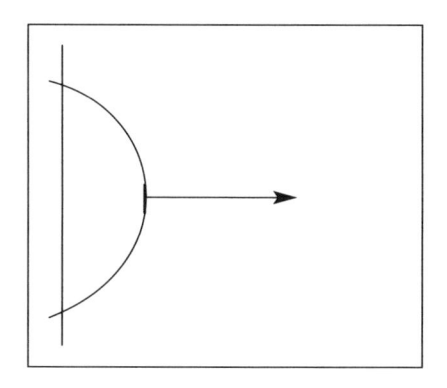

Ilustración 1.25. Espejo convexo.

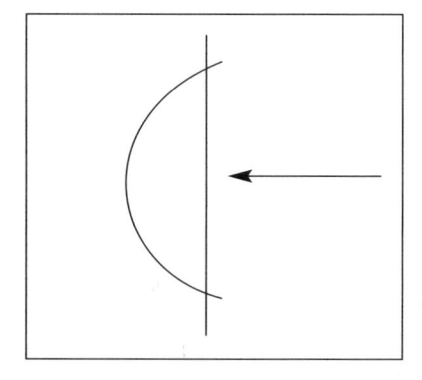

Ilustración 1.26. Espejo cóncavo.

El espejo cóncavo minimiza lo que es agresivo hacia nuestra casa en el exterior. Los espejos deberán colocarse a tal altura que reflejen la cabeza de los habitantes, pues de lo contrario crearía dolores de cabeza a los mismos y desajuste del Chi, así como falta de concentración mental. Colocados en lugares estratégicos donde reflejen un bonito jardín o paisajes en la casa, tendrán un efecto de buen Chi, de luz y ampliación del campo visual en el lugar. En interiores, cuanto más grande es el espejo, mayor efecto tendrá. También nos ayudan a completar áreas ausentes en la Ba Gua de la casa y para restarle agresividad a un vértice muy pronunciado al reflejarlo o cubrirlo con espejos.

Las esferas de cristal prismáticas faceteadas son importantes, a su vez, en feng shui; tienen la cualidad de armonizar el Chi del lugar, de completar áreas ausentes y corregir errores de diseño por ser objetos refractores de luz y energía. Las esferas de cristal aumentan el flujo del Chi en un lugar y armonizan su distribucion debido a su cualidad de refracción de la luz.

La luz es una cura presente en cualquier ambiente. Nos ayuda a completar áreas ausentes y a evitar la pérdida del dinero. También detiene el flujo acelerado de Chi tanto en pasillos como en ventanas muy grandes y representa la energía Yang en una habitación donde predomina el Yin atrayendo equilibrio al lugar.

Las Wind Chimes se consideran moderadoras del flujo de Chi. Se usan para atraer Chi positivo y dinero a una casa o en negocio. Son armonizadoras a través del sonido. Se recomiendan de tres o cinco tubos huecos para canalizar el Chi hacia arriba.

Las plantas simbolizan naturaleza, crecimiento, vida y conducen el Chi por la habitación, son indicadores de buen feng shui; en la entrada de la casa generan y atraen buen Chi, al igual que impiden el acceso del Chi agresivo y violento que pueda provenir del exterior. Fuera de una oficina o restaurante, traerán clientes y dinero. Dentro de la casa contrarrestarán desequilibrios, ángulos muy marcados, esquinas o lugares de almacenamiento.

Los bonsáis son muy efectivos en casos de personas enfermas, ya que al representar crecimiento detenido será el efecto que ocasionarán en la enfermedad, sobre todo en casos de enfermedades que se reproducen como el cáncer.

Las peceras o acuarios son representantes de la vida, y el agua, del dinero. En la casa se usan para favorecer el

Chi del dinero y en oficinas absorben accidentes y mala suerte.

Los objetos móviles o eléctricos estimulan la circulación del Chi y controlan los efectos de corredores largos y angostos donde predomina el Chi Yin.

Las fuentes generan dinero y activan el Chi, también sirven de protección y favorecen los buenos proyectos profesionales y económicos. Son adecuadas en el área de fortuna y benefactores.

Los objetos pesados nos ayudan a darle solidez y estabilidad a una situación de trabajo o matrimonio; colocados en esas áreas, son una cura muy efectiva, se utilizan para aterrizar y consolidar proyectos.

Las flautas de bambú, por su significado religioso, traen paz, seguridad y estabilidad a un lugar. Colgadas en una viga cortan el efecto opresivo de la misma y permiten el paso del Chi. Alejan los robos y retiran los malos espíritus de la casa. También sirven como protección y para elevar el Chi de un «gua» o problema determinado. Se deben colocar con el crecimiento del bambú hacia arriba y deben ser flautas, ya que representan música y la música simboliza armonía.

El color nos ayuda notablemente colocado en las áreas correspondientes del octágono, nos armoniza la energía y levanta el Chi del lugar, de él hablaremos en un capitulo posterior más detalladamente.

Otro elemento importante es la creatividad, ya que de su buena aplicación logramos un ambiente de armonía, confort y bienestar.

La siguiente cura (chu-shr) consiste en los tres secretos y es indispensable para que cualquier cura ru-shr sea efectiva; comprende una bendición activa que abarca el cuerpo, el habla y la mente, corresponde al camino trascendental y es lo que le imprime nuestra fuerza mental y espiritual y la voluntad a nuestras curas. Abarca:

    El cuerpo: hacer mudras (movimientos trascendentales del cuerpo).

El mudra que se emplea en este caso es uniendo el dedo medio y el anular con el pulgar y señalar la cura con el meñique y el índice.

El habla: pronunciar algún mantra (palabras sagradas muy poderosas) nueve veces seguidas.

Oración acorde con su religión, por ejemplo:

OM MA NI PAD ME HUM

La mente: visualizar lo que se quiere mejorar al colocar una cura en ese lugar.

En esta cura el elemento más importante es la fe y fuerza que se le imprima.

2
Perfiles

Antes de entrar al tema de la casa es importante mencionar, según el área, el elemento correspondiente y el color recomendado.

Familia	→	Madera	→	Azules y verdes
Dinero	→	Madera	→	Azules, rojos, morados
Fama	→	Fuego	→	Rojo
Matrimonio	→	Tierra	→	Rojos, rosas, blanco
Hijos	→	Metal	→	Blanco y pasteles
Benefactores	→	Metal	→	Blanco, gris y negro
Trabajo	→	Agua	→	Negro y oscuros
Conocimiento	→	Tierra	→	Negro, azules y verdes
Salud	→	Tierra	→	Amarillos y térreos

Las bendiciones son de gran importancia en feng shui. Las conocidas como Ba Gua se emplean para celebrar cualquier acontecimiento, como una casa nueva, un bebé, matrimonio o nuevo trabajo. Estas se realizan en interiores y exteriores para proteger y conservar buenos deseos y el buen Chi de las personas que viven o trabajan allí.

Las bendiciones en interiores se deben hacer entre las personas que viven o trabajan en el lugar. Se necesitan 9 velas, ya sea en los diferentes colores de la Ba Gua o blancas. Colocar cada vela en cada área de la Ba Gua y otra en el Tao. Esta bendición es un ejemplo o sugerencia que traerá armonía y abundancia al lugar.

Se comienza la bendición en el área de la familia, encendiendo la vela, meditando y reflexionando sobre los deseos, esperanzas y metas con respecto a la familia sobre la que se quieran atraer, después se deben pronunciar en voz alta.

Continuar con el área del dinero y hacer lo mismo, así con cada área siguiendo la Ba Gua en el sentido de las manecillas del reloj; finalmente, encender la vela del centro recordando todo lo que se ha dicho y pedido, sintiendo el Chi de toda la habitación como un Chi armonioso, tranquilo y lleno de abundancia y amor.

Se completa la bendición con una oración final, un mantra o dando gracias por el bien recibido y el que está por venir para los miembros de esa familia.

Las bendiciones exteriores se realizan con semillas que simbolizan las promesas de una nueva vida. Se usa una vela para el Tao del lugar, y se puede colocar antes de comenzar el rito o usarse durante el recorrido por uno de los participantes.

Esta bendición sigue el mismo método que la anterior. Se comienza a cierta distancia del área de la familia de la construcción, visualizando los deseos, esperanzas y aspiraciones para la familia, diciéndolas en voz alta y arrojando semillas hacia la casa, sellando así la bendición. Se procede de esta forma con cada área de la Ba Gua y al finalizar se deben tirar semillas hacia la construcción, simbolizando así los buenos deseos para el lugar en el presente y en el futuro. Continuar con el Tao del lugar, encender la vela, recordando todo lo que se ha pedido y terminando con una oración, un mantra o dando gracias.

Una bendición es una manera de obtener fuerza en las situaciones difíciles, todas las situaciones de la vida representadas en la Ba Gua se conectan una a otra; fortaleciendo una se fortalecen todas. Todo en nuestra vida tiene relación; al fortalecer cada aspecto se fortalece todo.

En el feng shui es muy importante el orden, la simplificación y la limpieza. Se recomienda evitar los objetos rotos y las cosas innecesarias, al igual que el almacenamiento y el estancamiento, así como los objetos dañados o descompuestos. La casa u oficina son un reflejo de nosotros mismos. Si nuestro deseo es tener una vida ordenada, nuestro entorno debe ser ordenado. Es el tipo de Chi que atraemos a nuestra vida.

Algunos parámetros que nos sirven para detectar el Chi del lugar se convierten en indicativos importantes, se recomienda observar y analizar detalles del terreno para elaborar el primer diagnostico:

Pasto y plantas.—Si se encuentran verdes, entonces el Chi es bueno y saludable; si se encuentran secas o moteadas, son indicativas de que el Chi no es favorable. Para construir debemos buscar lo que se conoce como «puntos del dragón», lugares verdes donde la vegetación bella y sana nos asegurará un Chi sano proveniente de la naturaleza.

Animales.—Los animales bonitos, tranquilos y lustrosos manifiestan buen Chi; cuervos, perros agresivos, insectos, alacranes, etc., indican un mal Chi; la presencia de plagas denotan un Chi desequilibrado no muy recomendable.

Vecinos.—Es importante observarlos, la forma en que viven es indicativa del Chi del lugar.

Un lugar que cuente y manifieste un Chi sano se convierte en un lugar que garantiza una vida sana.

Desde el punto de vista del feng shui, el lugar más adecuado para vivir son los valles, con las montañas en la espalda y a los lados abrazando la casa la protegerán; un río que pase al frente traerá buen Chi y buena fortuna al lugar; el río serpenteante y tranquilo representa un paisaje agradable y cómodo para cualquier persona, como lo explicamos en el punto 1.4 refiriéndonos a la escuela de las formas analizando la presencia de los animales cósmicos a través de las formas de la naturaleza.

El primer paso indicado en el feng shui es revisar cada parte de casa y reemplazar cristales rotos, bombillas, focos fundidos, engrasar puertas y cerraduras, acomodar compartimientos y cajoneras, eliminando todo lo que no se usa y que solo estanca el Chi afectando a nuestro trabajo, relaciones sentimentales, la prosperidad y la abundancia.

Debemos cambiar nuestros hábitos hacia lo funcional, práctico y sencillo, reparar lo descompuesto y desechar todo lo que por apegos materiales acostumbramos guardar y almacenar para jamás volver a utilizar, que solo ocupan un espacio, estancan el Chi y se refleja en nuestra vida generando problemas y depresiones.

El Chi es la energía que atrae lo necesario para cubrir nuestras necesidades, y el movimiento le provee un camino para atraer abundancia, de ahí la sugerencia de abrir espacios desalojando lo que no se usa y está en mal estado, preparándonos para recibir toda esa abundancia que el mundo natural tiene para nosotros.

2.1. TERRENOS

Con la evolución social y cultural, la civilización creció, el hombre modificó el paisaje con calles y edificios, enfrentó un nuevo ambiente y de ahí surgieron nuevas reglas para su armonización conforme al nuevo paisaje y la nueva ubicación de los espacios.

Los ríos se convirtieron en las calles y las montañas en edificios y formas de terreno. Ante esta adaptación, las mejores formas de terreno son cuadradas y rectangulares, representan estabilidad. Es importante considerar si el terreno tiene un declive, en este caso la casa debe estar en lo más alto, aunque esto generará que las oportunidades y el dinero rueden de regreso; en este caso se recomienda colocar un poste de luz en la parte baja del camino que detendrá el Chi del lugar y evitará pérdidas económicas constantes a los habitantes del lugar.

Ilustración 1.27. Instalar una luz que detenga y retorne el Chi a la casa en el caso de que esta se encuentre en alto con respecto a la calle.

Analizando las formas del terreno, descubrimos que los terrenos trapezoides nos favorecen cuando se les da forma de almeja para así retener el Chi y el dinero, ya que al simular un recogedor de basura genera pérdidas y problemas para los habitantes.

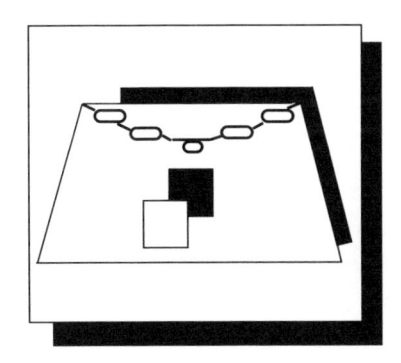

1.28. Terreno en forma de recogedor de basura. Cura: flores, ladrillos o un camino curvo en la parte posterior del terreno.

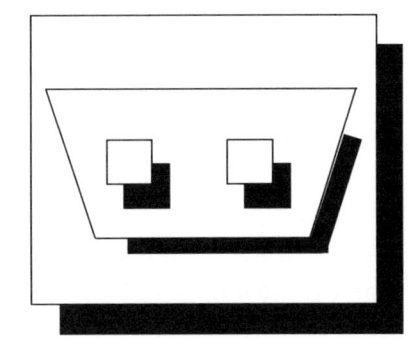

1.29. Terreno en forma de almeja: construir en el músculo de la concha (al centro) para atraer abundancia.

Las diversas formas de terreno ofrecen en algunos casos complicaciones para la aplicación de un buen feng shui. Al construir se recomienda el centro del terreno, ya que es donde radica la abundancia del lugar, es el área donde se concentra la salud, y una buena salud denota abundancia.

Los terrenos irregulares representan un reto para la creatividad y construcción de formas favorables. Un ejemplo extraño sería el terreno en forma de escorpión. Se le llama así por la relación metafórica de la forma relacionada con la naturaleza.

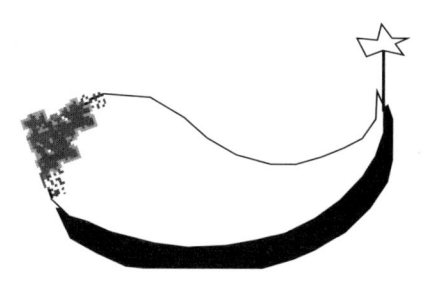

1.30. Terreno en forma de escorpión.

Cura: una luz que retenga el Chi y plantas rodeando el terreno que completen el área o áreas faltantes.

El terreno en escorpión es bueno y recomendable para un restaurante o tienda, ya que por su agresividad «atrapará a su presa» trayendo dinero y clientes al negocio; sin embargo, para casa, su forma ahuyentará las oportunidades trayendo problemas económicos a los habitantes por su excesiva agresividad.

Un buen feng shui engloba todo el entorno, por lo que la posición de la construcción en el terreno nos trae buena suerte, abundancia y salud.

En el caso en el que la casa esta muy pegada a la calle, se sugiere colocar un foco entre una y otra, o poner un molinillo de viento o veleta en el techo sobre el centro de la construcción para mover el Chi y evitar que se reprima su entrada al terreno, provocando una sensación de sobresalto y falta de protección y confianza en los habitantes del lugar.

Si la construcción no está en el centro del terreno, se debe plantar un árbol o colocar una luz o piedra en el extremo trasero del mismo, para generar estabilidad en la casa y atraer la buena fortuna, así no sentiremos demasiadas presiones y exceso de problemas por resolver, equilibrando energéticamente el problema arquitectónico de ubicación.

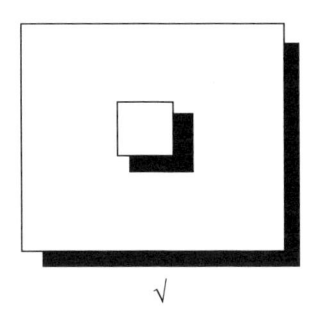

√   CURA

1.31. Buena posición para construir.

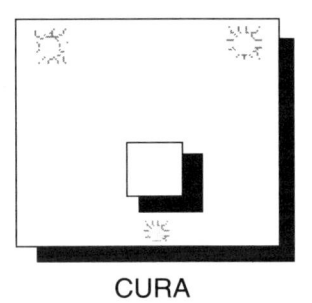

1.32. En el caso de que la construcción esté al frente, colocar una luz en la parte trasera en cada extremo y en el centro frontal, así se solucionará el problema.

Otra forma de corregir una construcción desequilibrada con el terreno es colocar tres luces armónicas. En el espacio más angosto en ambas esquinas y en el centro del más amplio, alumbrando desde el techo de la casa hacia el resto del terreno.

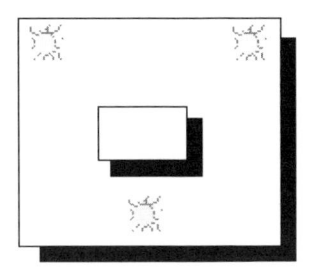

Ilustración 1.33. 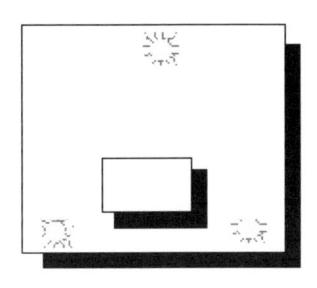   Ilustración 1.34.

Esto provocará una sensación de mayor amplitud y libertad que se reflejará en un buen desarrollo profesional y óptimas oportunidades de crecimiento para los habitantes del lugar.

Algunas formas favorables y recomendables de terreno son las siguientes:

CIRCULAR:	Genera oportunidades de crecimiento personal.
CUADRADA:	Desarrollo profesional y prosperidad.
RECTANGULAR:	Igual a la cuadrada.
SEMICIRCULAR:	Providencial, atrae dinero y éxito.
ROMBOIDE:	Desarrollo profesional.

Debemos recordar que el mejor lugar es el centro del lote, ya que genera abundancia y dinero.

Algunos casos difíciles son:

DIAMANTE: Si la construcción no es paralela a los lados del terreno o si la puerta ve al ángulo o vértice.

Cura: Colocar un árbol o veleta o luz detrás de la casa, de lo contrario generará accidentes, problemas legales o desastres.

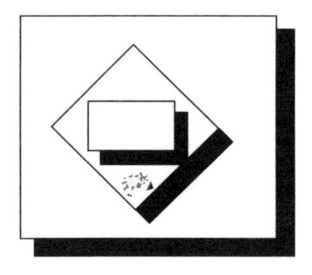

Ilustración 1.35. Terreno en forma de diamante.

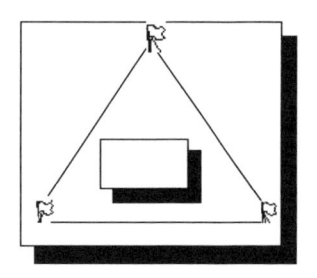

Ilustración 1.36. Terreno triangular.

TRIANGULAR: La puerta no debe dar al vértice o la situación económica fallará, al igual que generará agresiones y atracos para los habitantes.

Cura: Colocar una veleta o planta para esconder las esquinas del terreno.

En forma de «L» carece de un área y no es favorable; se debe construir en perpendicular; colocar un árbol detrás y sembrar plantas que completen el faltante.

Si ya está construida, se recomienda como una cura mezclar una cucharadita de «jusha» con 99 gotas de licor en un tazón con arroz y esparcir en el perímetro usando los tres secretos, esto generará protección y atraerá bendiciones al lugar.

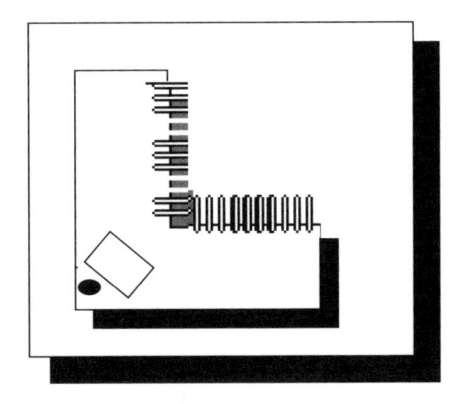

Ilustración 1.37. Construcción en forma de «L».

Es muy importante que las montañas o edificios queden detrás de casa rodeándola para protegerla, y deben ser de tamaño proporcionado al de la construcción. Si el edificio es muy alto, este reprime a la casa reflejándose en la salud de sus habitantes; en este caso se sugiere un espejo plano o cóncavo colocado en la azotea y que refleje el edificio, o colocar una veleta en el techo en la parte central de la contracción.

2.2. CALLES Y ENTRADAS

En el feng shui, las calles y avenidas se asemejan a los ríos y son las que abastecen de Chi a la casa. Aquellas que siguen contornos naturales son más recomendables, ya que llevan un Chi armónico al lugar que sigue el patrón de la naturaleza.

No es recomendable una casa al final de la calle (perpendicular), pues recibe todo el Chi de la avenida abruptamente causando accidentes e inestabilidad en la salud. En estos casos, el colocar un espejo que refleje la avenida o un jardín frontal frenará la llegada agresiva del Chi al lugar. Cuanto más cerca estén las avenidas transitadas de la casa, más esfuerzo se debe hacer para facilitar la llegada de este Chi, esto se logra con un espejo convexo que refleje la avenida, ya que minimizará el efecto agresivo de choque del Chi hacia la casa.

Las plantas y árboles son favorables, al igual que las bardas; en los casos mencionados ellas protegerán el Chi del hogar. Se sugiere ayudar con Wind Chimes y espejos que rechacen el Chi negativo y atraigan a la casa lo positivo, estos se colocan en la entrada de la casa. Es importante que el Chi tenga un recorrido suave y natural, por eso debemos tratar de seguir contornos naturales o proveerlo de ellos para imitar el patrón original de la creación de la naturaleza.

El feng shui representa una alianza con ella, por eso al aplicarlo en ciudades el principal objetivo es imitar ese patrón natural de protección y provisión de armonía y equilibrio que se denota en cada detalle del planeta y su origen.

Cuando lo que separa a la casa de la avenida es un pequeño jardín frontal y le colocamos una fuente al centro, esta traerá dinero y buena fortuna, ya que en la cultura china el agua se relaciona con la abundancia.

La calle debe pasar frente a la casa para que traiga buenas oportunidades, no es recomendable en la parte trasera, esto generará intranquilidad en el hogar puesto que las habitaciones de descanso se sugieren en la parte tranquila de la casa, es importante colocarlas hacia la parte posterior de la construcción.

Las entradas de los coches también son importantes conductoras del Chi, ya que unen la casa con la calle y conducen el Chi a la entrada principal, son el camino guía que conecta el mundo exterior con el mundo interior, por lo que se considera de buen feng shui que la salida del automóvil sea acorde con la circulación de la calle para generar armonía del Chi interior con el Chi exterior.

Al tener forma de tenedor, simbólicamente se ensarta a la casa y los problemas de entendimiento y comunicación familiar se presentan de inmediato. Una entrada en forma de tenedor traerá problemas y discusiones con los hijos; para curar esto, se recomienda pintar el camino de rojo o poner piedra roja sobre el mismo.

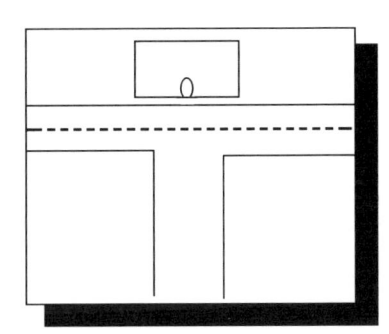

Ilustración 1.38. Casa o construcción en «T» con la avenida, este es un caso no muy recomendable.

Un ejemplo muy evidente de este caso lo representa la quiebra de la compañía PAN-AM, la cual, tras inaugurar su edificio en una esquina «T», empezó a experimentar serios problemas financieros, y aunque su junta directiva tomó varias medidas, como vender todas sus operaciones del Pacifico, sus rutas a Londres y el propio edificio, aun así, el mal feng shui ya había hecho su efecto, el mal prácticamente culminó con el desastre de Lockerbie, Escocia, y su eventual quiebra a principios de la década de los 90.

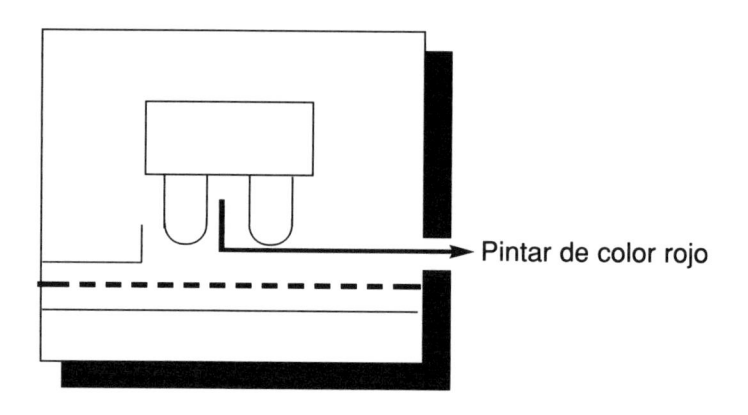

1.39. Entrada en forma de tenedor.

En el caso en el que la entrada se reduce y ensancha al final, esta frena la llegada de oportunidades a la casa; se deben colocar postes de luz que amplíen el campo energético y eliminen el efecto de opresión, ya que simboliza el efecto de un embudo reductor a la entrada, provoca una sensación de opresión y restricción. La proporción es de gran consideración; buscando el equilibrio, el acceso debe corresponder al tamaño y la construcción. En feng shui estos casos tienen una respuesta inconsciente del ser humano que se refleja en sus actitudes y comportamiento en la sociedad. Este tipo de acceso limita las perspectivas de visibilidad, la respuesta hacia este caso será que los habitantes de esta casa perciben muy pocas perspectivas de expansión y crecimiento.

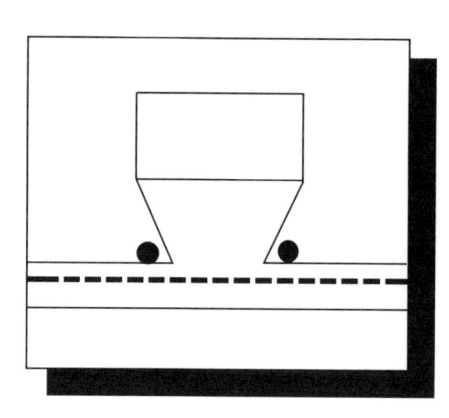

Ilustración 1.40. Entrada en forma de embudo.

Las entradas circulares o semicirculares son muy adecuadas, y al decorarla, con fuentes, flores y plantas atraeremos la armonía y la buena fortuna a la casa al igual que proveeremos un aspecto agradable y colorido que refleje alegría a quien penetre en el lugar.

Una montaña o edificio no debe tapar la vista de nuestra entrada, ya que nos obstruye el Chi y restringe la llegada de oportunidades; se recomienda alumbrar, colocar plantas y rechazar con un espejo que lo refleje, al igual que las esquinas prominentes que apunten hacia el lugar se reflejan con un espejo plano o cóncavo que alejará la agresión.

En el caso de que existan escalones, no deben ser altos ni angostos; en este caso se sugiere pintarlos de rojo o colocar plantas y luz, ya que esto evitará reprimir el Chi que se dirige hacia la puerta principal, la cual, recordemos, se caracteriza por ser la boca del Chi.

La puerta principal debe abrir hacia dentro para recibir amablemente el Chi en la casa; con un acceso adecuado se amplían nuestras expectativas de desarrollo profesional.

Es importante señalar que las entradas y caminos hacia la puerta estén libres de obstrucciones como exceso de follaje, piedras, postes o cables de luz. Un lugar cuyo acceso es amplio, iluminado, limpio y arreglado nos ofrece una atractiva llegada y provoca una reacción de alegría, libertad y confianza. El ser humano busca seguridad y control en lo que lo rodea y este tipo de entrada lo provee de ello.

La casa debe estar a la altura de la calle o un poco más alta para tener jerarquía, de lo contrario las oportunidades de trabajo serán difíciles y escasas; de no ser así, se sugiere una luz iluminando desde el techo hacia la calle y desde la parte baja de la casa a la calle. Cuando la casa se ubica en un nivel inferior, nuestra voluntad y deseos pierden importancia a nivel social; al no ser visibles desde la calle, es sinónimo de escondernos de lo que nos rodea, provocando problemas de soledad y abandono.

2.3. VECINOS

En el feng shui es importante la privacidad, por lo tanto hay que buscarla en el hogar y en el trabajo, para tener confort y tranquilidad.

El tema de los vecinos es de primordial importancia cuando hablamos en términos de feng shui; al ser habitantes de este planeta nos es imposible ignorar que formamos parte de un todo y que la relación que llevemos con nuestro entorno y nuestra sociedad tiene gran influencia en nuestra vida.

El feng shui, desde la perspectiva del profesor Thomas Lin Yun, está estrechamente ligado al inconsciente del ser humano. Este, por impulso, gusta de la privacidad y la sensación de libertad, por lo que constantemente la busca en su hogar y su trabajo como proveedores de confort y tranquilidad.

Se considera al Chi como la fuerza que mueve y participa en la formación de la naturaleza, asimismo es la energía que trae diferentes vivencias y situaciones a nuestra vida. El Chi es un concepto que tiene memoria, es decir, a su paso va absorbiendo las situaciones que se van presentando llevándolas a los lugares por donde circula, por eso el Chi de nuestra casa se puede ver afectado por la presencia de funerarias, panteones o aquellos lugares que trabajan con una energía de destrucción, desolación, muerte o enfermedad.

Asimismo, las esquinas o ángulos muy pronunciados se catalogan como representativos de un Chi amenazante, punzante y agresivo.

Basándonos en esta filosofía es importante hacer un análisis de lo que nos rodea ya que, en muchos casos, el problema se está provocando desde el exterior en vez de proceder de nuestra propia casa.

Cuando en las grandes ciudades encontramos edificios contiguos donde existe una sensación de angosturas entre uno y otro, los habitantes reaccionarán agresivamente ante el aspecto inconsciente de sensación de incomodidad al percibir su espacio limitado por el habitante contiguo.

En aquellos casos en los que frente a nuestra casa u oficina se encuentra la construcción de un edificio de mayor altura a la nuestra, esta representa un muro o un bloqueo que se reflejará en un doble esfuerzo constante por salir adelante en situaciones laborales.

Todos estos casos cuentan con una solución. Una opción viable es el manejo de espejos que reflejen esas construcciones agresivas; recordemos que el espejo cóncavo es de gran utilidad cuando queremos minimizar el efecto de lo que se refleje.

Otra sugerencia será el uso de fuentes o plantas que representen una barrera protectora que armonizará el Chi desfavorable u obstruido trayendo abundancia al lugar.

Si buscamos dentro de la tradición china, en este tipo de situaciones son muy empleadas las quimeras, leoncitos chinos de protección, sobre todo a la entrada de los edificios o bancos.

La presencia de jardines o, al menos, de una planta entre una casa y otra contigua, o en su defecto dos departamentos, armonizará la relación entre vecinos, ya que las plantas representan vidas y crecimiento, esto se manifestará en nuestra convivencia vecinal.

También sugiero que al vivir en un lugar o al ocupar una oficina en una construcción se observe el tipo de vida y costumbres del lugar, esto será un mensaje muy claro de la clase de energía que existe, brindándonos un parámetro del tipo de suerte que encontramos al residir en esa zona.

El tipo de vegetación que encontremos en un lugar también será determinante para analizar el Chi de la tierra y las ventajas o desventajas que nos ofrece. Un espacio que cuente con vegetación abundante reflejará salud en su entorno, mientras que aquel que nuestra vegetación seca y presencia de algunos animalitos muertos nos habla de deterioro y de un lugar con severas carencias energéticas.

2.4. ÁRBOLES Y PLANTAS

Llegamos así al tema de árboles y plantas, el cual ampliaremos en el capítulo 8 al tratar de la aplicación y diseño de jardines.

Los árboles y plantas son de gran ayuda en el feng shui, nos sirven para completar áreas faltantes o para disimular esquinas agresivas por la suavidad natural que significan. Son parte de nuestra creación y son el elemento de protección que a nivel inconsciente el ser humano busca en su entorno.

Ayudan a proteger el Chi del lugar y a eliminar la sensación de vecinos no complacientes o de estrecheces de colindancia que nos generan ciudades con poco espacio.

Al considerarse parte de nuestra propia creación traen armonía, bienestar y buen Chi al hogar. El colocar o sembrar arboles y plantas a un lado de la casa es favorecedor y generador de buena suerte.

Si detrás del lugar hay una montaña o edificio, un árbol en la parte trasera de la casa armonizará el efecto de opresión que provoca sobre el Chi del lugar, debido a que un árbol es una estructura de fortaleza sostenida por grandes y sólidas raíces. Cuando colocamos árboles en grupos de 3, 6 ó 9, protegerán la casa del Chi Yin que proviene de las avenidas y vecinos adyacentes que pueden representar invasión de la privacidad.

No es recomendable que las ramas de un árbol cubran una ventana o puerta o que toquen las fachadas, ya que obstruirán la entrada de oportunidades, pues las ventanas se consideran los ojos de la casa, mientras que la puerta es la boca del Chi el bloquearlas impedirá la entrada importante del Chi al lugar.

Estos deben estar bien cuidados y sin plagas; un árbol sano representa fortaleza, uno dañado es fortaleza que se debilita.

Los árboles representan la fortaleza familiar, y cuando se secan se cortan o se podan pueden afectar la salud en órganos o dientes de los residentes. Si esto sucede, la cura es la siguiente: mezclar una cucharadita de jusha con 99 gotas de licor y arroz, rociar alrededor del árbol, empleando los tres secretos mencionados anteriormente, esto traerá protección y bienestar, evitando problemas, sobre todo dentales, a los habitantes de la casa.

Se recomiendan plantas de nombres positivos, de hojas grandes y frondosas, de formas y puntas redondeadas y con tallos ascendentes para fomentar el Chi Yang dentro de la casa. La presencia de cactáceas o plantas espinosas provoca problemas y discusiones familiares, pues las espinas o plantas muy agresivas son como efecto o dardos que rechaza un buen Chi.

El bonsái se recomienda en casos de personas enfermas en casa; de naranja o de toronja ayudan bastante en el aspecto económico al representar naturaleza detenida; este efecto se ejercerá también sobre la enfermedad.

Si los árboles están al lado de la entrada principal de la casa, los habitantes serán famosos y prósperos en su profesión y desempeño social, mientras que un árbol detrás de la casa estabilizará a la familia y favorecerá la armonía y convivencia entre sus miembros.

3
Casas

Las formas afectan y moldean nuestra vida. Nos crean un ambiente de armonía o nos alteran. Las más recomendables tanto para terrenos, casas, edificios y dormitorios son cuadradas, rectangulares y circulares, ya que generan estabilidad. Toda figura incompleta, asimétrica o triangular provoca inestabilidad y problemas. El efecto y respuesta inconsciente del ser humano es inmediato, observa cómo siempre buscamos la simetría y el equilibrio para sentirnos cómodos.

Las figuras estables permiten el flujo de Chi armónicamente en las construcciones debido al equilibrio que su constitución representa. Las incompletas generan problemas con los hijos, crisis personales y familiares o sentimentales, al igual que dificultan la llegada de dinero, de oportunidades y afectan el trabajo y la profesión; esta es la respuesta inconsciente ante el desequilibrio.

Las mejores curas para completar áreas son: fuente, árbol, estatua o un poste de luz en la esquina faltante del terreno o en la esquina interna de la casa, como se muestra en la ilustración 1.41.

En el caso de un apartamento, se puede emplear una Wind Chime, una esfera o un espejo en la pared que se sitúa en la esquina del área que se desea completar. También son recomendables las plantas y los arbustos para completar áreas, sobre todo cuando contamos con un jardín o una terraza que se pueda integrar en la Ba Gua de la casa, como se muestra en la ilustración 1.42.

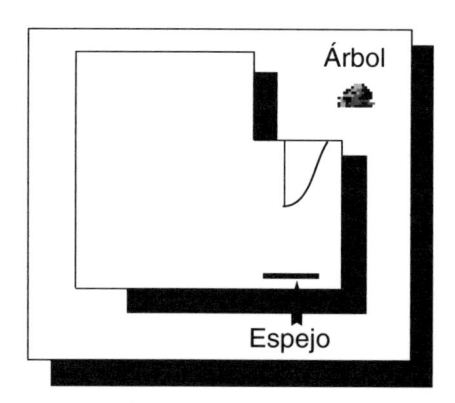

Ilustración 1.41. El árbol sirve para conmpletar el área faltante, el espejo atrae el Chi del exterior al interior de la casa.

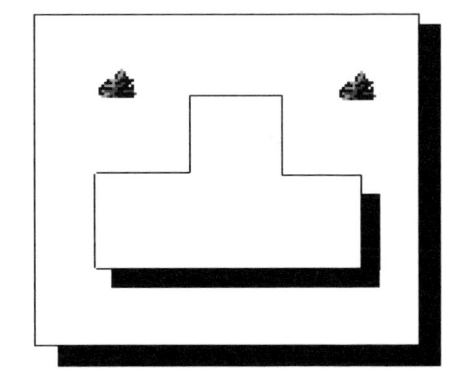

1.42. Los árboles completan la forma irregular de esta construcción.

En formas irregulares, tanto en casas como en habitaciones se debe procurar completar las áreas faltantes para atraer estabilidad y armonía al hogar; este efecto se puede lograr bien con espejos que darán amplitud o con plantas que suavizan los bordes incompletos.

En figuras triangulares o con vértices muy acentuados se sugiere evitar las puertas en el vértice, pues estas provocan accidentes y problemas a los habitantes, sobre todo de salud; se presentan como ejemplo gráfico las ilustraciones 1.43 y 1.44.

Si esto sucede, se recomienda usar plantas o árboles en el vértice contrario o una veleta en el techo, además de

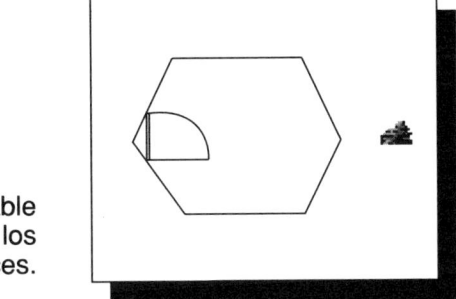

1.43. No es recomendable que las puertas se sitúen en los vértices.

1.44. Una puerta de entrada en vértice atrae problemas y conflictos a los habitantes.

completar las áreas faltantes, como se muestra en los gráficos anteriores.

Las puertas y ventanas se consideran la entrada del Chi. El flujo de Chi debe ser suave, ya que a través de ellas penetran las oportunidades en la casa; la puerta es la boca de la casa y las ventanas representan los ojos, por eso es importante que nada las tape y las cubra, pues eso es dañar la salud de la casa. Su forma, tamaño, posición y orientación representan un buen feng shui y simbolizan la voz de los padres y los hijos en un hogar.

Cuando la puerta principal está en posición incorrecta atrae mala suerte e impide el libre paso del Chi o incluso lo reprime, reflejando una restringida llegada de oportunidades de trabajo para los habitantes de la casa, así como representando bloqueos y proyectos detenidos. El ideal es entrar en una habitación amplia, alumbrada con una sensación de bienestar y amplitud. No deben existir obstáculos para la circulación del Chi. De esa forma se percibe un campo visual libre que se refleja a nivel inconsciente en libertad de pensamiento y desarrollo de la creatividad en el ser humano.

Las puertas en buen estado y con bisagras engrasadas atraen buen Chi al lugar.

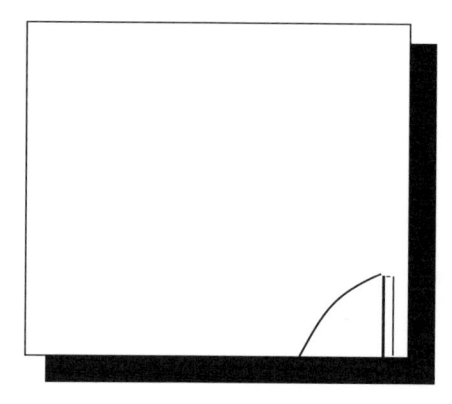

Ilustración 1.45. Entrada ideal a una casa o habitación.

Cuando el caso es invertido, se sugiere colocar un espejo en el muro que reprime la entrada del Chi, o en su defecto un cuadro de algún paisaje que amplíe el campo visual al entrar y evite sentirnos aprisionados y disminuidos como se muestra en la ilustración 1.46.

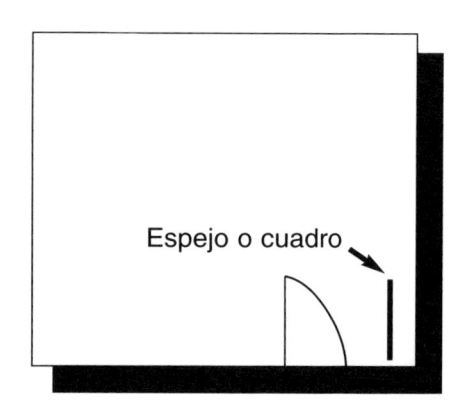

Espejo o cuadro

Ilustración 1.46.

En el caso en que al abrir una puerta encontramos un muro enfrente, se recomienda colocar un espejo o cuadro en el muro, ya que este frena la entrada a las oportunidades y ocasiona problemas en general a toda la casa; a nivel inconsciente representa un bloqueo y se refleja en un doble esfuerzo para salir adelante y sortear los obstáculos, esto se muestra en la ilustración 1.47.

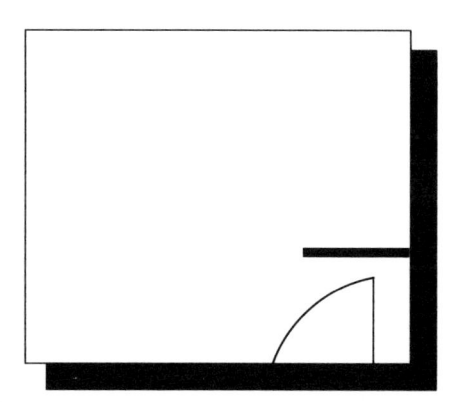

Ilustración 1.47.

Si la entrada conduce directamente a un pasillo, este debe estar bien alumbrado para facilitar el paso del Chi, ya que si este es oscuro y largo, genera enfermedades penosas y de estrés; aquí también se sugieren espejos que den amplitud al mismo y Wind Chime o esfera que armonicen el Chi en el centro del mismo, como se muestra en la ilustración 1.48.

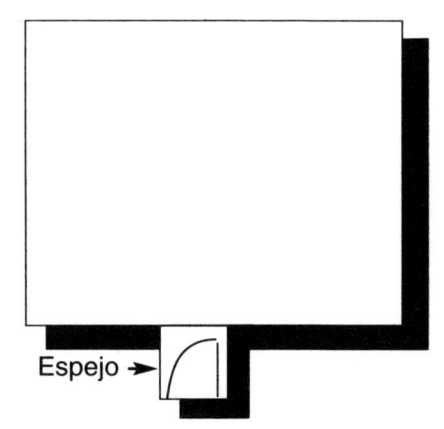

Espejo →

Ilustración 1.48.

Al encontrar dos puertas alineadas una frente a otra, se corre el riesgo de sufrir problemas de salud y de dinero, sobre todo si se trata de puertas de baño; para curar esta situación, se colocan espejos en cada una de las puertas. El tener esta clase de puertas provoca discrepancias y competitividad entre las personas que duermen en cada habitación, como se muestra en la ilustración 1.49.

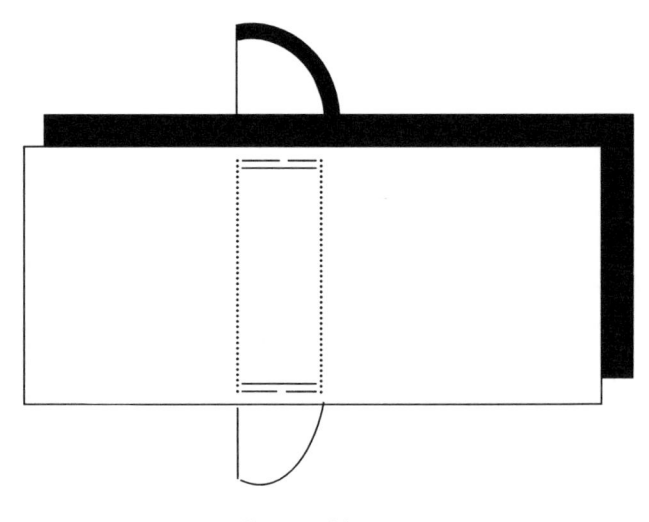

Ilustración 1.49.

Cuando tenemos puertas paralelas traslapadas, nos crea una sensación de contracción y expansión, por lo que es necesario darles la ilusión de un mayor espacio por medio de espejos o fotos, trayendo equilibrio y una perspectiva más enfocada a los residentes, como se muestra en la ilustración 1.50.

Al encontrar dos puertas paralelas, solo que una es más grande que la otra, generará conflictos en la salud y el amor. Es importante que la puerta más grande abra hacia una habitación y la pequeña hacia un gabinete o baño, pero si sucede lo contrario va a afectar las actividades profesionales de los residentes, por lo que se recomienda usar

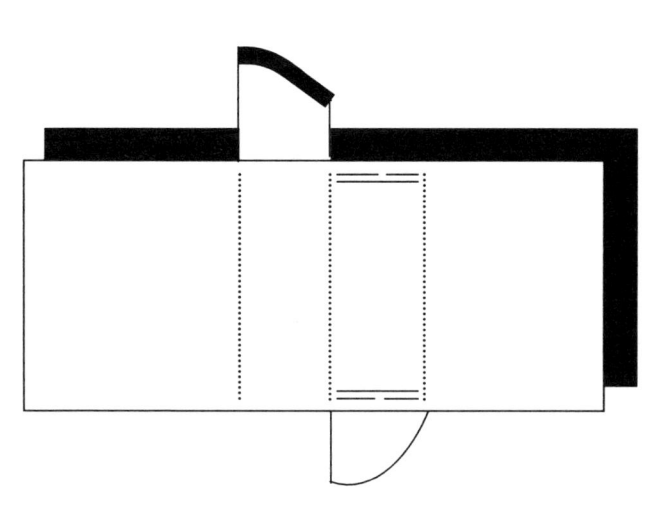

Ilustración 1.50.

espejos que amplíen el campo visual o, en su defecto, fotos que den amplitud al marco de la puerta pequeña y un espejo en la puerta más ancha para bloquear su efecto, como se muestra en la ilustración 1.51.

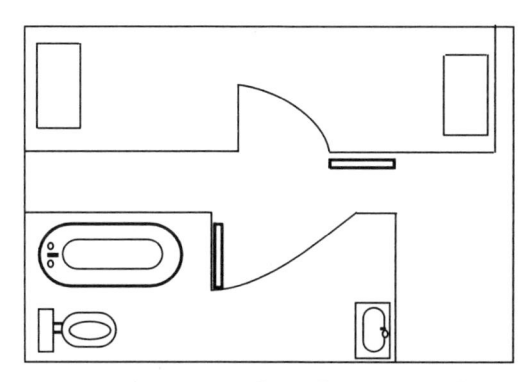

Ilustración 1.51.

Las puertas colocadas caprichosamente pueden producir inestabilidad y quebraduras de huesos, en este caso es recomendable colocar una esfera o Wind Chime en el punto medio del cruce entre ellas para liberar el flujo del Chi entre las mismas, como se muestra en la ilustración 1.52. Algo similar sucede con los pasillos largos con varias puer-

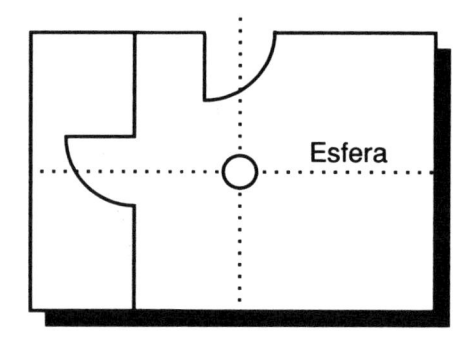

Ilustración 1.52.

tas, esto generará estrés y discusiones, al igual que diversidad de opiniones entre los miembros de la familia; se recomienda colocar espejos en las puertas y una luz o Wind Chime al final del pasillo que detendrá el paso acelerado del Chi provocando un equilibrio del mismo. Un pasillo largo provoca tensión y estrés, y, si al final hay una puerta, pone en peligro la vida de los habitantes y surgen problemas intestinales, asimismo bloquea oportunidades de crecimiento profesional para desarrollarse; en este caso se sugiere colocar un espejo al final del corredor y una esfera en el pasillo, como se muestra en la ilustración 1.53.

Los pasillos conducen el Chi y los muebles lo canalizan por la casa, la colocación de los muebles se sugiere acogedora; esta colocación simboliza el aspecto social de los habitantes.

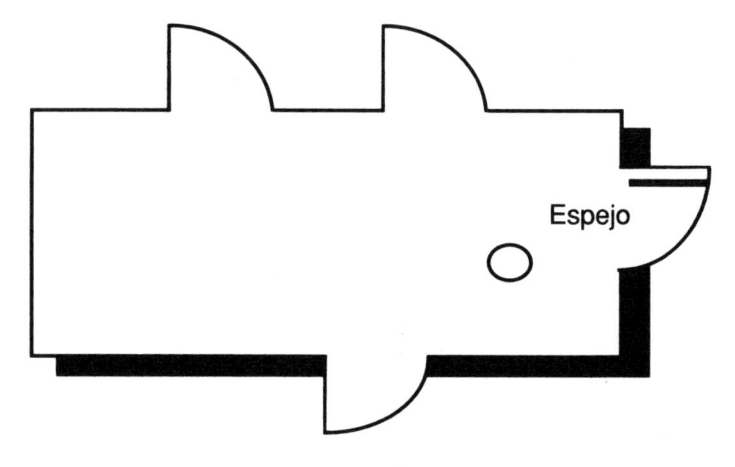

Ilustración 1.53.

Se recomienda una Wind Chime (campana de viento) en la puerta principal de la casa, para armonizar la entrada del Chi y enfatizar la autoridad de los padres sobre los hijos; al abrir la puerta, se escuchará el sonido que limpiará el Chi y atraerá bendiciones al lugar. También es adecuado el uso de un espejo con mandala mirando hacia fuera de la puerta de entrada para atraer protección al lugar. Este solo debe colocarse en la parte exterior de la casa para evitar accidentes a los habitantes si se coloca en el interior del inmueble.

Una flauta de bambú, o dos, formando en el marco de la puerta la parte superior de una Ba Gua traerá buena ventura y suerte y alejará cualquier tragedia de la casa, evitando robos y asaltos y atrayendo bendiciones al hogar. Se colocan como se muestra en las ilustraciones 1.54 y 1.55.

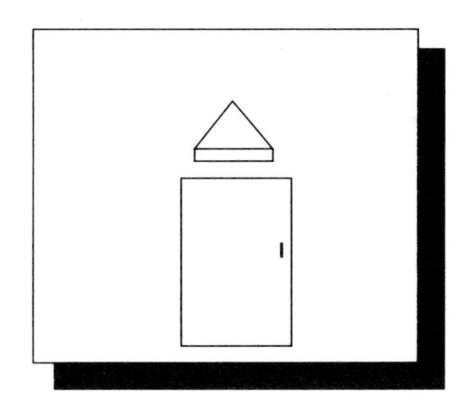

Ilustración 1.54.

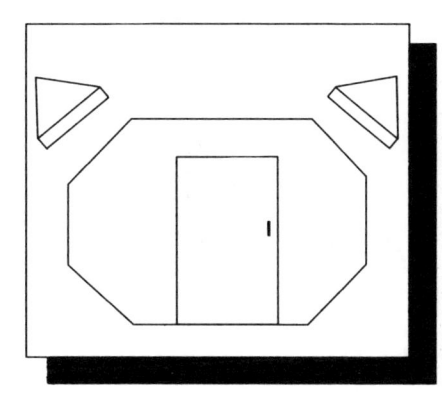

Ilustración 1.55.

Otra cura para asegurar el bienestar y tranquilidad de la casa es mezclar una cucharadita de ju-sha con 99 gotas de licor y colocar tres puntos entre las chapas de la puerta y uno al centro superior de la misma, acompañados de los tres secretos como se muestra en la ilustración 1.56.

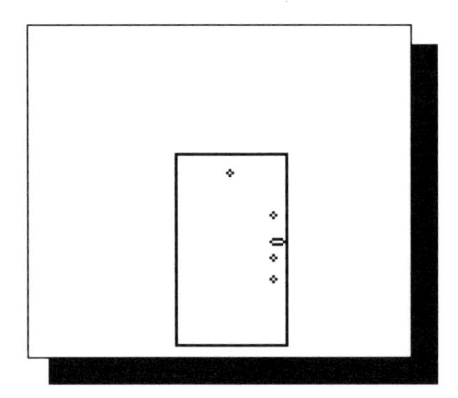

Tres ventanas o puertas en línea crean una ráfaga que dispersa el Chi demasiado rápido y perjudican la salud, las relaciones personales y la armonía interior; aquí, colocar una esfera o Wind Chime a la mitad del pasillo será de gran ayuda para corregir el problema y armonizar el flujo de Chi, como se muestra en la ilustración 1.57.

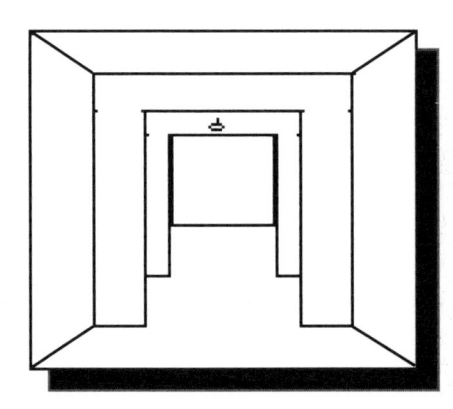

Ilustración 1.57.

Las ventanas se consideran los ojos de la casa, y junto con las puertas deben crear un flujo armónico de Chi. Si estas son muy grandes, el Chi saldrá rápidamente descompensando el equilibrio energético del inmueble. La parte superior de la ventana debe ser más alta que los habitantes, en caso contrario deprimirá su Chi y generará dolores de cabeza así como dispersión de pensamientos. Si la ventana es muy grande en alguna área de la casa, esta se verá completamente afectada; por ejemplo, si se encuentra en el área de la fama, producirá chismes y problemas con amistades y vecinos. La cura sugerida es colocar una esfera faceteada en la parte media de la ventana, la cual armonizará el flujo, salida y entrada del Chi de la habitación.

Las mejores ventanas son las que se abaten completamente hacia fuera o hacia dentro en lugar de las que se deslizan. Las más convenientes son las que abren hacia fuera, ya que favorecen el Chi de los habitantes y las oportunidades de trabajo. Las ventanas también representan la voz de los hijos y pueden producir actitudes de rebeldía y desacuerdos entre padres e hijos cuando son muy grandes; en este caso, una esfera en el centro es de gran ayuda como ya se mencionó anteriormente.

Si al abrir la puerta principal tenemos un ventanal al fondo, el flujo de Chi será tan rápido que distorsionará y se llevará todo el Chi del lugar a su paso; aquí se sugiere, como en los casos anteriores, una esfera en la mitad del marco de la ventana y colocar un biombo, muebles, plantas o algún objeto de arte entre la puerta y la ventana, así como una Wind Chime entre la puerta y la ventana también es favorable para detener la salida acelerada de Chi.

En algunos casos tenemos ventanas vecinales que inhiben la privacidad de los habitantes de la casa; se recomienda un pequeño espejo fuera de la ventana que refleje el Chi innecesario que afecta nuestro hogar; también, colocar plantas o agua (fuente) o persianas nos ayudará a contrarrestar ese efecto, estas representarán una división entre la casa y los vecinos, como se mencionó cuando hablamos del tema de árboles.

Una ventana en mal estado nos traerá problemas para la visión; se deben evitar los cristales rotos o desportillados; es indispensable reemplazarlos lo más pronto posible. En casa no es recomendable nada roto, parcheado o desarreglado, pues esto generará un mal feng shui y desencadenará escasez de dinero, mala salud o decepciones amorosas.

«Si tu deseas recibir lo mejor, ofrécete a ti mismo lo mejor.»

3.1. DECLIVES E INCLINACIONES

Las paredes, vigas, pasillos o puertas en inclinaciones representan un fuerte riesgo en el feng shui, ya que ocasionan accidentes y sucesos trágicos a los habitantes. Las vigas acarrean problemas de salud en una habitación, ya que reprimen el paso de la energía de la habitación aprisionando nuestro propio Chi. Las inclinaciones deprimen el Chi y pueden destruir cualquier buen feng shui.

La forma de solucionar este caso es colgar una cortina de flecos o borlas rojas o colocar plantas y flores. Otra sugerencia es colocar una luz desde lo más alto que ilumine la parte más baja de la inclinación, esto ampliará el espa-

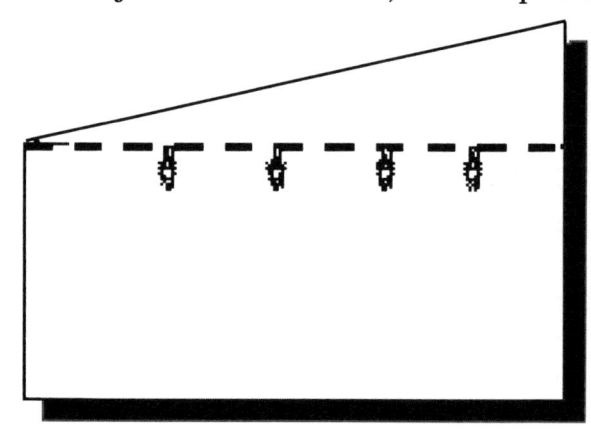

Ilustración 1.58.

cio energético. Un método también sugerido es agregar otra inclinación que forme una parte de la Ba Gua, ya sea un toldo o, en su defecto, colocar una flauta de bambú en la posición del «gua» correspondiente como se muestra en las ilustraciones 1.58 y 1.59.

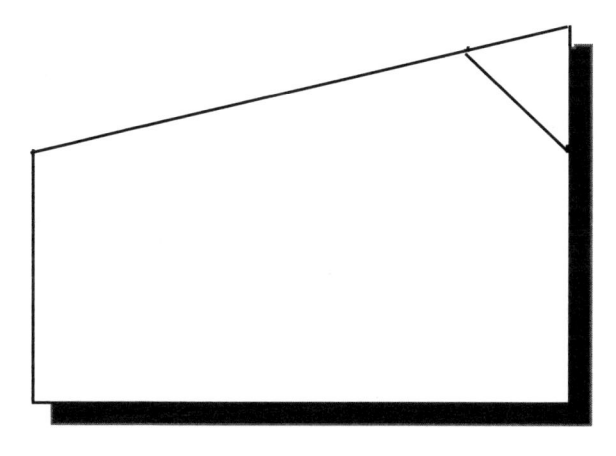

Ilustración 1.59.

En el caso de las puertas y los pasillos con techos inclinados, se recomienda colgar una esfera faceteada, una planta o una luz, como se mencionó anteriormente, en el centro del espacio. En las inclinaciones provocadas por escalera, se recomienda colocar plantas formando un pequeño jardín interior, así como iluminar el espacio debajo de la misma. El profesor Thomas Lin Yun también sugiere el colocar una fuente en este pequeño jardín interior.

Los techos deben ser altos y bien alumbrados para favorecer la circulación del Chi, pues los bajos lo reprimen y los inclinados lo atrapan y generan enfermedades y dolores de cabeza. La manera sugerida de curar estos casos es alumbrar bien y colocar espejos en las paredes para expander el espacio. En casos de techos bajos y planos, una veleta en el centro del techo en el exterior ayudará a la buena circulación del Chi evitando su estancamiento; si esto no es posible, un abanico en el interior será de gran ayuda.

Las vigas en el techo se consideran estructuras de Chi Yin que oprimen y afectan el flujo del Chi y se reflejan en la suerte de los residentes. Afectan la economía y la salud de los habitantes.

El dormir debajo de una viga puede provocar dolores de cabeza y problemas de salud en las personas, al igual que molestias, perdida de sueño y falta de descanso, por lo que se debe evitar la cama o los asientos debajo de una viga, como se muestra en la ilustración 1.60.

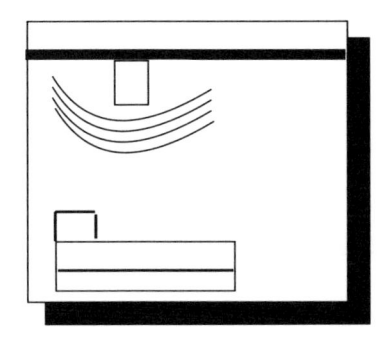

Ilustración 1.60.

La forma sugerida de equilibrar este efecto es colocar dos flautas de bambú con hilo o cuerda roja que simulen la parte superior de una Ba Gua. También alumbrar la viga o pintarla del color del techo puede ayudar. Un fleco o hilo rojo a lo largo de la viga es recomendable, ya que el color rojo se caracteriza por elevar la energía, esto se ejemplifica en la ilustración 1.61.

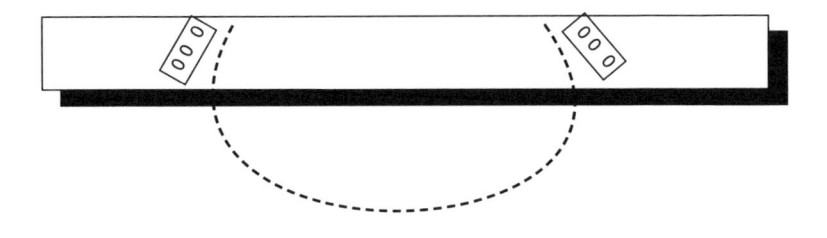

Ilustración 1.61.

Se deben mover la cama, la estufa y la mesa de debajo de una viga y colocar un espejo que refleje la viga para rechazar su efecto negativo. El colocar un techo falso de cristal opaco o translúcido entre vigas bien iluminado favorecerá la circulación del Chi y es otra alternativa que se ofrece como un buen recurso para contrarrestar el problema ocasionado por las vigas.

3.2. LAS ESCALERAS

Las escaleras conectan la planta baja con la planta alta, por lo que en el feng shui las escaleras son las que conducen el Chi de un piso al otro en la casa; deben ser amplias e iluminadas y no deben ser voladas, ya que dispersan la subida del Chi; son el medio que conecta, y es recomendable que se conviertan en parte de la casa, es decir, que sigan el mismo estilo decorativo y se perciban como un espacio agradable en el hogar.

En el caso en que sean angostas y oscuras, se recomienda colocar luz y poner alfombra verde o pintar los pasamanos de verde. También se puede poner un espejo en el techo que dé amplitud al lugar para quitar el efecto de opresión y reducción que provocan los espacios tan pequeños en los que generalmente son colocadas. El color verde representa el crecimiento y la conexión con la madre tierra, he ahí el porqué sugerirlo en este caso.

En las escaleras voladas, además de todo lo anterior, se sugieren plantas, y si están muy estrechas y pegadas al muro, un espejo en este ampliará el espacio visualmente. No son recomendables las escaleras de caracol, ya que el Chi sube muy rapidamente y se escapa aceleradamente; la solución puede ser alumbrar desde la parte de arriba y pintar el barandal de verde o poner una enredadera verde en este; alfombrar de verde o pintarla de este color disminuirá la sensación de desconchado que representan.

Una escalera frente a una puerta de entrada daña la suerte y el dinero huirá hacia fuera, se recomienda colocar una esfera en el último escalón; también se puede poner un biombo entre la escalera y la puerta o un espejo que refleje la escalera; las plantas llegan a ser de gran ayuda; lo mismo sucede en el caso de tener una ventana frente a la escalera.

En casas con desniveles, la cama y las habitaciones deben estar en lo más alto; para tener mayor jerarquía con respecto a las demás habitaciones, un baño no se recomienda en la parte superior, ya que pone en peligro la salud y la profesión. En esta situación, una esfera y plantas entre el baño y la habitación sirven para solucionar la problemática, al igual que una esfera en el centro del baño canalizará el flujo del Chi en el mismo.

3.3. LAS ESQUINAS

En el feng shui las esquinas, tanto de muros como de muebles, representan vértices muy marcados que atraen agresividad y sucesos inesperados.

Curiosamente, cuando las esquinas apuntan constantemente hacia alguna parte de nuestro cuerpo provocan continuos dolores en esa zona.

Un caso particular de un cliente es que constantemente padecía de dolores en el cuello y la nuca. Tras una minuciosa observación en su casa y en su oficina descubrimos que uno de los ángulo de la mesita lateral de su cama le apuntaba directamente sobre la nuca al acostarse. La solución fue poner un mantel a la mesa que cubría y disimulaba ese borde agresivo.

Cuando las esquinas en una habitación o construcción son muy agresivas, alteran el Chi del lugar; igual sucede con esquinas en muebles y adornos, por lo que se sugiere redondear o suavizar los bordes, incluso en mesas cuadradas o rectangulares, o colocar manteles u objetos que las disimulen de la misma forma a como se comentó en la anécdota de mi cliente; un borde afilado o agresivo inhibe la entrada de visitas, oportunidades y clientes, al igual que genera malestares físicos a los habitantes.

Algunas soluciones son las siguientes:

- Redondear las esquinas o vértices protuberantes.
- Colocar espejos en los muros que forman la esquina.
- Una planta o árbol en el vértice disimula, lo mismo que una estatua.
- Luz y una esfera en la esquina también ayudan.
- Campanas, Wind Chimes, móviles o cuadros.

Lo más importante es corregir armónica y equilibradamente y que usted se sienta cómodo y tranquilo en su hogar u oficina.

3.4. COLUMNAS Y CHIMENEAS

Las columnas representan el elemento madera por su forma alargada, sin embargo, en casa o en la oficina las columnas pueden estancar o estorbar en el flujo del Chi, las redondas son las más favorables. En casos en los que son cuadradas, es necesario remodelarlas, sobre todo por los vértices. Algunas sugerencias son: forrarlas de espejos, colocar plantas alrededor, disimular los vértices con Wind Chimes o redondearlas. También se puede aplicar la creatividad; en una conocida agencia de publicidad en San Francisco se diseñaron figuras creativas como lagartijas de tela o papel que se colocaron en las esquinas de las columnas, ya que cuando son altas y cuadradas amenazan a los ocupantes puesto que representan una estructura pesada y represiva para el que vive en la casa, provocándole exceso de cansancio y sensación de pesadez.

Las chimeneas, como las columnas, pueden estancar el flujo del Chi y favorecer su fuga cuando están apagadas, por eso es importante simular que están prendidas con unos leños y celofán rojo o luz. También se sugiere colocar un espejo sobre la chimenea y nueve plantas a su alrededor que ayudarán a armonizar el Chi de la habitación. Son representativas del elemento fuego, y cuando al frente de ellas quedan sillas o sillones esto acalorará las reuniones y se presentarán discusiones y problemas.

Por lo general, las chimeneas se ubican en la sala; apoyándonos en el feng shui, la sala representa el aspecto social de los habitantes, por lo que deben de prepararse para fomentar un adecuado medio donde destacar y tener buenas relaciones sociales.

4
La distribución

La distribución de una casa es de gran importancia en feng shui.

LOS DORMITORIOS deben estar lo más alejados que se pueda de la calle, ya que son lugares de reposo y descanso y deben desconectarse del movimiento exterior de la casa; al colocarlas en la parte alejada de la calle, las estamos ubicando en el área Yin de la construcción, como se muestra en la ilustración 1.62.

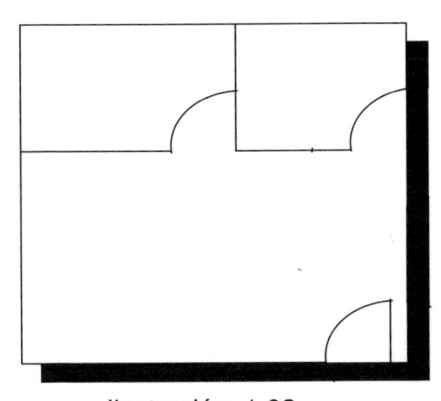

Ilustración 1.62.

La cocina representa la llegada del dinero y no debe estar muy cerca de la entrada, ya que generará tendencia a comer constantemente; su mejor área es la de fama, que corresponde al elemento fuego. En ella radica la abundancia, por lo que el cocinar y tener alacenas llenas traerán buena suerte.

El estudio, el recibidor y el salón son lo más recomendable para estar cerca de la entrada principal de la casa. El estudio se sugiere en el área de conocimiento. Estas áreas se consideran Yang, por lo que se las ubica como punto el área frontal de la construcción, que sería el área Yang.

La cocina y el baño no es recomendable que se encuentren una al lado del otro, porque la salud y el dinero se verán afectados; esto se explica porque el baño pertenece al elemento agua y la cocina al fuego y ambos elementos se contraponen provocando conflictos.

El baño afecta la salud y el dinero. Los desagües son los conductospor donde se escapa el Chi y nos perjudican en el área donde quedan, son como succionadores o aspiradores del Chi. El baño y la cocina no deben estar en el centro de la casa, ya que repercutirán en enfermedades para los habitantes de la vivienda. Un baño no debe estar sobre la cocina, el dormitorio u otro baño, ya que eso puede representar accidentes, tropezones y pérdidas.

Si el baño está sobre el dormitorio, una opción es amarrar un hilo rojo desde la lámpara en el techo de esta y pasarlo por debajo de la taza, guiar el hilo por toda la pared y sujetarlo al piso debajo de la cama. Otra solución es poner un espejo en el techo del dormitorio o pequeños espejos octagonales en las esquinas del techo con la luna (reflejo) hacia el baño.

En caso de estar sobre la cocina, se puede colocar un espejo como en el caso anterior. Si el baño está en el centro de la casa, se recomienda forrar con espejos las paredes interiores del baño.

Se debe evitar la cocina en el área de benefactores pues esto genera accidentes graves a la familia. Ya que esta área es elemento metal y la cocina es elemento fuego, en el ciclo de elementos el fuego destruye al metal y esto daña la salud de la casa, reflejándose en situaciones peligrosas, principalmente para el hombre mayor de la casa.

A continuación hablaremos con más detalles de los espacios de la casa.

4.1. EL DORMITORIO

El dormitorio es el lugar donde descansamos y nos relajamos de nuestra actividad cotidiana, por lo que debe ser armónico y equilibrado para dar tranquilidad y confort al ocupante.

Las formas más recomendables en su diseño son las figuras completas, pues no les faltan áreas que configurar y representan estabilidad, aspecto importante para descansar.

La mejor posición de la cama es en contraesquina de la puerta para tener el dominio visual completo sobre la misma. De lo contrario, generará inquietud e inestabilidad al ocupante. La cama no debe tener los pies dirigidos directamente hacia la puerta, y mucho menos a la de un baño, ya que esto ocasionará enfermedades e intranquilidad. En caso de no poder cambiar la posición de la cama, colocar un biombo entre la cama y la puerta, o una esfera, y bloquear el baño con un espejo en la puerta, ya sea interior o exteriormente. El dominar la puerta de acceso al dormitorio desde la cama es lo que denominamos la posición del poder.

También deben colocarse espejos estratégicos donde desde la cama se domine la puerta de entrada, evitando que la persona que duerme se refleje en ellos, ya que si esto sucede perturbará el descanso de la persona; esto desde la perspectiva del feng shui tradicional. El profesor Thomas Lin Yun sí sugiere espejos que reflejen a la persona mientras duerme, ya que él sostiene que esta situación enfrenta al ser humano con su propio conocimiento interno.

Es muy importante la presencia de una cabecera, ya que esta da estabilidad y coherencia a nuestros pensamientos. Se recomienda que de preferencia sea de elemento madera y evitar el metal por la facilidad de atraer las ondas electromagnéticas que provocan alergias y alteraciones nerviosas al ser humano.

Una cama *king size* con dos somieres traerá desacuerdos de pareja y separación; se debe poner una sábana roja que una los dos somieres debajo del colchón que unirá energéticamente y evitará discusiones y problemas maritales, o en su defecto unir con tela roja brillante las dos bases por un costado; en este caso aplican la metáfora: una cama dividida en dos divide la energía del matrimonio.

Una cama con somier impide el buen flujo del Chi; se recomienda poner en los cajones ropa de cama que se use constantemente, ya que esto evitará el estancamiento del Chi al abrir y al cerrar los cajones.

No es recomendable la presencia de aparatos eléctricos en el dormitorio, pues provocan intranquilidad al dormir; se deben cubrir o tener muebles donde se guarden, o usar una espiral de cobre que controlará el magnetismo que generan y evita la distracción inconsciente que provocan en el ser humano al dormir impidiendo su completo descanso.

Las literas reprimen el Chi del que duerme en la cama inferior, afectando su salud; si no queda otra opción, se recomienda espejo o material reflector en la parte inferior de la cama superior y en la pared del fondo de la habitación. Otra solución sería el uso de flautas de bambú con el crecimiento hacia arriba colocadas en forma ascendente, esto elevará el Chi de la cama inferior.

Se sugieren nueve fieltros (octagonales) entre la caja y el colchón en las áreas de la Ba Gua, estos traerán armonía y se reflejará en un buen descanso y mejor estado de ánimo de la persona; estos fieltros se sugieren en los colores de la Ba Gua en cada cama de los habitantes de la casa, tal se muestra en la ilustración 1.63.

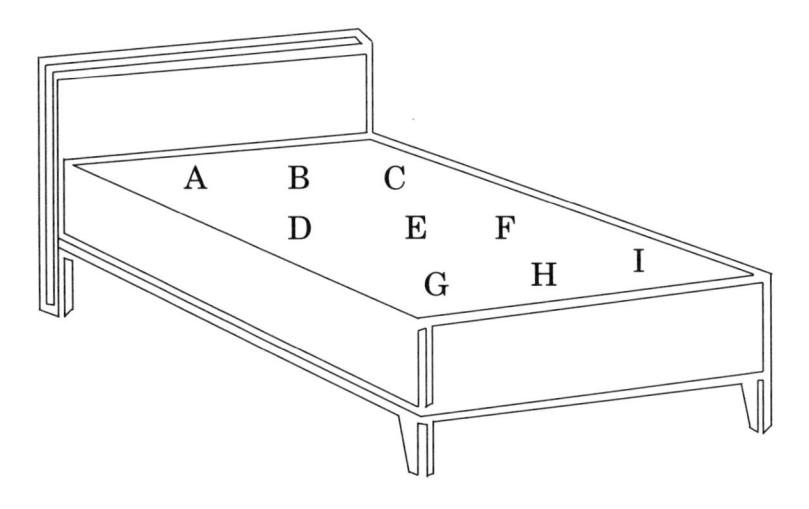

Ilustración 1.63.

A) Dinero. Morado.
B) Fama. Rojo.
C) Amor. Rosa.
D) Familia. Verde.
E) Salud (TAO). Amarillo.
F) Hijos. Blanco.
G) Conocimiento. Azul.
H) Trabajo. Negro.
I) Benefactores. Gris.

4.2. EL SALÓN

El salón, en el feng shui, es donde radica el aspecto social de la familia, se sugiere que sea espacioso, y la distribución de los muebles deben ser armónica y confortable; no son recomendables los muebles aislados o muy separados, pues dan frialdad al lugar. No debe estar muy cerca de la puerta de entrada, ya que creará inestabilidad y los invitados querrán irse muy pronto. Es importante que la distribución de los muebles invite a entrar y convivir. Es importante que tanto los invitados como el anfitrión dominen la puerta de entrada para que puedan sentirse cómodos y se cree un ambiente cordial y agradable. Los arreglos geométricos del mobiliario generan un ambiente cálido y confortable.

Si se colocan espejos que reflejen jardines bien cuidados, traerán suerte, armonía y crecimiento al hogar, además de provocar una sensación de mayor amplitud y libertad.

Una chimenea bien «curada» dará una sensación acogedora al lugar. Se debe evitar que los sillones miren de frente hacia la chimenea, ya que esto acalora las relaciones sociales y puede suscitar continuas discusiones, tanto familiares como en el medio social en el que se desempeñan los habitantes de la casa, como se mencionó en el punto 4 de este capitulo.

Es importante convertir el salón en un espacio de reunión y convivencia familiar de disfrute y alegría.

4.3. EL COMEDOR

El comedor no se recomienda que se ubique muy cerca de la puerta de entrada a la casa, pues invitará a comer y nada más; en este caso, una pantalla o puerta corredera, biombo o esfera de cristal ayudará para provocar un alejamiento entre personas, ya que en este espacio radica la armonía y convivencia familiar, aspecto que lo convierte en un espacio trascendental en nuestra vida.

Un huésped distinguido se debe sentar mirando hacia la puerta, en la posición de dominio, al igual que el jefe de familia, para otorgarle su debida jerarquía.

El empleo de espejos que reflejen la loza en el comedor duplicará la buena fortuna y la abundancia de la familia, ya que la loza tiene una conexión inconsciente con la alimentación y a su vez con abundancia.

Es importante usar constantemente esta área, ya que es la que fomenta y favorece la buena relación, y en la armonía familiar es donde radica el éxito de una familia unida y con una buena relación de comunicación y cariño.

El comedor es el lugar de la casa en donde se generan las mejores ideas y se obtienen los razonamientos más sensatos y favorables en cuestión de estudios y trabajo, sobre todo si se ubica en el «gua» del conocimiento. Es un espacio que fomenta la creatividad.

Las formas de mesa más convenientes son: cuadrada, circular, ovalada, rectangular u octagonal, formas representativas de la estabilidad, la cual es un aspecto fundamental en la relación familiar.

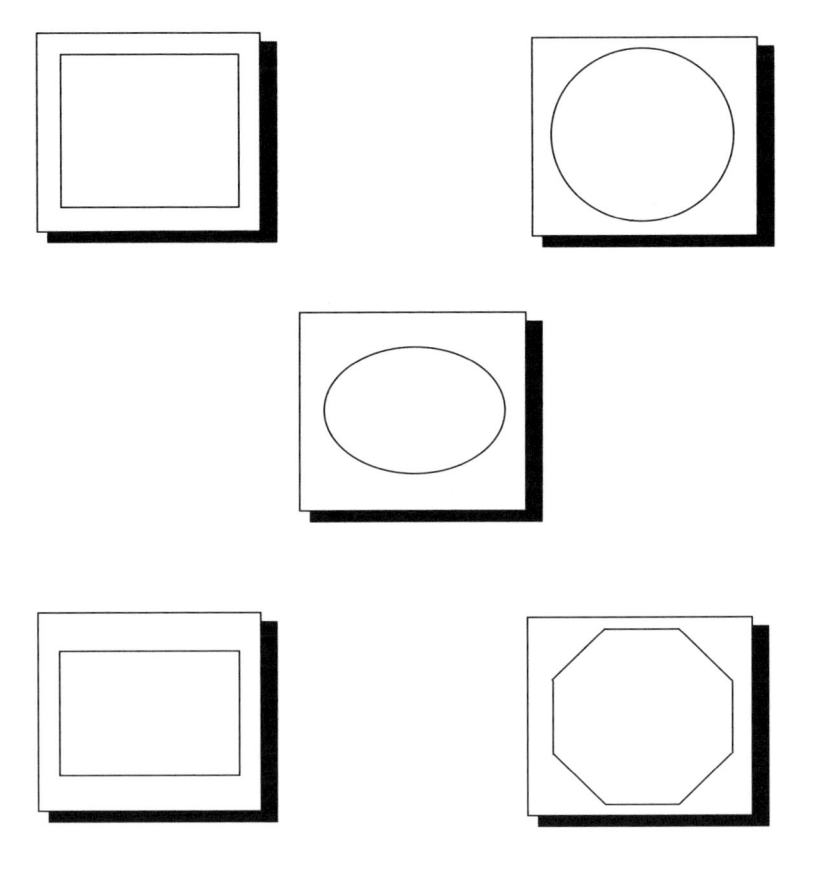

4.4. LA COCINA

La cocina es un lugar muy importante en la casa, ahí radica la buena fortuna y la salud de la familia; esta debe ser amplia, espaciosa, iluminada y bien ventilada, es el área que representa la abundancia en todos sus aspectos. La cocina representa el dinero, y quien cocina debe dominar la puerta de la entrada con tranquilidad; si el caso es el contrario, se pueden colocar espejos estratégicos que la reflejen, así quien prepara los alimentos observará lo que sucede a su espalda. No es recomendable que quede frente a una ventana o una puerta; en este caso se debe recurrir a una esfera o Wind Chime entre esta y la otra, será de gran ayuda. Se sugiere un espejo que refleje todos los armarios pues duplicará la entrada del dinero. Todos los armarios, se deben usar para una buena circulación del Chi y estar muy limpios, y por supuesto, es importante que tanto el horno como la estufa estén limpios, en perfecto estado y tengan un buen funcionamiento. Una esfera o Wind Chime entre la puerta de entrada a la cocina y el horno armonizará el Chi y mejorará la llegada de abundancia a los moradores de la casa.

El fregadero representa el amor, por lo tanto, debe estar impecablemente limpio, ya que refleja la situación interna y espiritual de los que allí viven; evitar que esté frente a una ventana y junto al horno ya que frente a la ventana se reflejará en conflictos de autoestima y junto al horno tenemos el problema energético de fuego contra agua que afectaría las emociones a través de la economía; la presencia de plantas generará un ambiente más armónico y confortable dentro de la cocina, por lo que traerán vida al lugar.

Quien cocina o prepara el alimento no debe ser sorprendido e intranquilizado, pues esto afectará la elaboración de la comida y alterará el ciclo de rendimiento laboral de la persona para quien se prepara el alimento, dañando la abundancia en el hogar. La mejor posición del horno es en el centro dominando las puertas de entrada del comedor a la cocina como se muestra en la ilustración 1.64.

Ilustración 1.64. El horno en el centro de la cocina es su mejor posición.

4.5. EL BAÑO

Es el lugar con más agua de todas las casas, y este elemento se relaciona con la energía del dinero. Debe ser tranquilo y bien «curado», pues es el espacio donde radica el aseo de los habitantes y eso lo convierte en un lugar especial. La taza siempre debe estar tapada, evitar las fugas de agua y las goteras, ya que por ahí se esfuma la energía del dinero. La mejor posición de la taza es escondida, que no se vea al abrir la puerta. Si el caso es el contrario, un biombo que tape la taza ayuda, una esfera entre una y otra es recomendable, o en su defecto, una Wind Chime o una planta sobre la caja de la taza.

La presencia de espejos y plantas armonizará el lugar y ayudará a mejorar la situación económica de los ocupantes. El color recomendado para el baño es verde o azul, o acorde con el que le corresponde de la Ba Gua. Un espejo por la parte de afuera de la puerta bloqueará el baño y contrarrestará el efecto del desagüe. El espejo puede colocarse en el interior o el exterior de la puerta acorde con la decoración de la casa.

También el colocar accesorios del color del «gua», donde se encuentra el baño fomentarán un buen flujo de Chi.

Una opción válida para corregir los desagües es el pintarlos de color rojo o trazar una línea de dicho color a su alrededor. Esto conseguirá evitar la fuga o descenso de la energía a través de ellos, ya que el color rojo es un tono que levanta el flujo de energía, de esa forma se corregirá el problema.

5
Activando áreas

En el FENG SHUI es muy importante activar las áreas que consideramos estancadas o problemáticas en nuestra vida. El concepto de activar áreas se refiere a colocar objetos o colores que armonicen y fomenten un buen flujo de Chi.

La colocación de la puerta de entrada principal es importante, ya que si queda en memoria es favorable para el desarrollo cultural de las personas que habitan en el lugar y traerá confort al hogar. En trabajo provocará que exista demasiado que hacer y nunca terminarán las labores de la casa. La mejor posición de entrada es en benefactores, ya que traerá clientes, amigos y protectores al hogar.

El diseño de jardines internos y externos nos traerá buena suerte, al igual que espejos que reflejen jardines cuidados y coloridos en el hogar; son espacios que nos conectan con la naturaleza y la madre tierra.

Para activar la armonía es necesario considerar el efecto Yin-Yang, es decir, buscar un balance positivo-negativo (equivalencia), ya que el exceso de cualquiera de ambos producirá inarmonía y desequilibrio.

En el caso de que exista demasiado Yang, hay que agregar Yin, algunas sugerencias son:

— Emplear menor cantidad de luz.
— Usar muebles bajos que no compitan con la altura del lugar.

- Recurrir a colores opacos y oscuros.
- Fuentes.
- Muebles y adornos con líneas curvas.
- Tapicería y texturas suaves, sedosas y acolchadas.
- Apagar los ventiladores y conductos que «inquietan» al viento.
- Agregar paz, es decir, eliminar ruidos.

Si el caso es contrario y se necesita Yang, se recomienda lo siguiente:

- Aumentar la iluminación.
- Emplear muebles altos.
- Usar colores brillantes.
- Recurrir a un deshumidificador para secar el ambiente.
- Telas sólidas, gruesas y de líneas verticales.
- Agregar movimiento y sonidos.
- Encender ventiladores y abrir ventanas que hagan circular el aire.
- Realizar reuniones y eventos sociales en casa.

Cuando sentimos demasiada agitación, vitalidad y estrés en ese lugar, encontramos exceso de Yang; si, por el contrario, nos sentimos desmotivados, cansados y apagados, se debe considerar predominante el Yin.

Podemos considerar lo siguiente para determinar el Yin/Yang y armonizar de acuerdo con tu criterio personal los espacios de la casa.

YIN	YANG
Colores oscuros, opacos	Colores claros, brillantes
Líneas curvas	Líneas rectas
Luz difusa	Luz brillante (directa)
Humedad	Seco
Bajo	Alto
Callado	Ruidoso
Suavidad	Dureza
Muros vacíos	Librerías repletas
Decrecimiento	Crecimiento
Escondites	Espacios abiertos
Frío	Calor
Quietud	Movimiento
Olores	Fragancias

Otra manera de generar armonía es a través de los Cinco Elementos; la forma de lograrlo se describe a continución:

Exceso de ruido y actividad	Agregar agua
Necesidad de transmitir ideas	Agregar agua
Necesidad de descanso	Agregar tierra y agua
Necesidad de establecerse	Agregar tierra
Necesidad de reprimir lágrimas	Agregar tierra
Demasiada quietud	Agregar fuego
Necesidad de inspiración	Agregar fuego
Necesidad de pensar	Agregar fuego, madera y metal
Necesidad de romper con la timidez	Agregar madera
Necesidad de sentir felicidad	Agregar madera
Necesidad de comunicación	Agregar metal
Necesidad de crecimiento cultural	Agregar metal

Si lo que prevalece en un lugar es el desequilibrio, recurra al elemento complementario o controlador para armonizar según los ciclos de elementos que se explicaron al inicio de este libro.

Al activar áreas, es importante emplear objetos y movimiento que provocan circulación del Chi favorablemente para nosotros como Wind Chimes o campanas de viento, móviles, veletas o ventiladores.

Se sugieren los colores representativos de cada área en la Ba Gua como activadores, ya sea en muros o adornos.

Otras curas pueden ser:

- Benefactores:
  — Espejo que refleje el exterior de la casa.
  — Luz.
  — Fuente.
  — Wind Chime.
  — Metal.
  — Gris.
  — Acuario.
  — Fotografías de benefactores.

- Hijos:
  — Fotografías de hijos.
  — Metal.
  — Wind Chime.
  — Esfera.
  — Blanco.
  — Plantas.

- Amor:
  — Parejitas.
  — Retratos en pareja.
  — Par de patos chinos del amor.
  — Plantas.
  — Flores rojas o rosas.
  — Rojo o rosa.
  — Luz.

- Fama:
  — Esfera.
  — Fuego.
  — Luz.
  — Rojo.

— Diplomas.
— Retratos.

- Dinero:
  — Fuente.
  — Acuario o pecera.
  — Luz.
  — Plantas.
  — Móviles.
  — Morado.
  — Dorado.
  — Rojo.
  — Wind Chime.

- Familia:
  — Verde.
  — Madera.
  — Esfera.
  — Plantas.
  — Fotografías familiares.

- Conocimiento:
  — Aparatos eléctricos.
  — Libros.
  — Luz.
  — Esfera.
  — Plantas.
  — Azul.

- Trabajo:
  — Fuego – agua – madera.
  — Negro.
  — Luz.
  — Wind Chime.
  — Móviles.

Si se desea estabilizar un área determinada, se recomienda colocar en la misma objetos pesados como geodas, piedras o estatuas, esto nos ayudará mucho en aquellos casos en los que nos cuesta trabajo terminar los proyectos que comenzamos.

Las veletas se recomiendan en la parte exterior más alta de la casa para mover el Chi y para quitarle el efecto de estrés que provocan los techos cuadrados que son muy bajos.

Los jardines al frente, detrás y dentro de la casa con fuentes centrales o plantas de bambú son auspiciosas en todos los aspectos energéticos de nuestra vida.

Los sonidos, olores y sensaciones son de gran importancia también por el efecto inconsciente que provocan en el ser humano; el sonido se puede emplear para iniciar relajación, ceremonias, concentración y emociones, al igual que para evitar tristeza, nerviosismo y coraje.

Sonidos apropiados y recomendados en casa:

— Ventiladores.
— Música.
— Wind Chimes.
— Hojas de árboles.
— Agua (fuentes).

En mi etapa de aprendizaje de esta técnica conocí a Nancy SantoPietro, conocida autora de feng shui, y me pareció interesante el cuadro que presento a continuación, por la sencilla manera de ofrecer curas o soluciones a casos concretos.

Algunas curas especiales serían las siguientes*

	GUA	COLOR	CURA	LUGAR
Dificultad par encontrar una pareja	Amor	Rosa	Jarrón con rosas rosas	Dormitorio
Problemas de presión arterial	Salud	Amarillo	Pintar el techo del dormitorio amarillo	Dormitorio
Desempleo	Trabajo	Negro	Artesanía negra	Cocina
Incrementar el Chi del dinero	Dinero	Morado	Tres cojines morados en esquina de dinero	Salón
Desempleo	Trabajo	Negro	Artesanía negra	Cocina
Mejorar hábitos de estudio	Conocimiento	Azul	Un espejo con marco azul	Estudio
Mala reputación en el trabajo	Fama	Rojo	Cortinas rojas	Cocina
Discusiones familiares	Familia	Verde	Quemar velas verdes	Salón
Dificultad para lograr un embarazo	Hijos	Blanco	Poner una lámpara larga blanca en una mesa	Dormitorio
Se desea comprar un coche usado	Benefactores	Gris	Describirlo en una hojita y guardarlo en una cajita gris	Escondite o rincón

* *Feng Shui. Harmony By Desing*, Nancy SantoPietro.

Los aromas y las áreas

Los aromas son una herramienta muy útil en el feng shui para crear ambientes agradables. Por la conexión inmediata del sentido del olfato con el cerebro, un aroma puede modificar nuestras emociones, sensaciones, postura física y actitud mental de manera rápida y casi imperceptible para el ser humano. Estos aromas se pueden aplicar en una habitación por medio de aceites esenciales en aerosol o con un vaporizador.

Presentamos una relación de las áreas del Ba Gua y algunos aromas que nos pueden beneficiar en cada una.

Trabajo

Pimienta negra: seguridad, perdurabilidad, protección, energía física, coraje, motivación.
Canela: fuerza, energía física, prosperidad.
Pachuli: dinero, vigor, estimulante.

Conocimiento

Eucalipto: concentración, estimulante, balance, pensamientos lógicos, meditación, libertad.
Limón: concentración, purificación, claridad, conciencia.
Menta: alerta, concentra, regenera, refresca, vitaliza.

Familia

Pimienta: confort.
Canela: alegría.
Clavo: sana, creatividad, alegría.
Eucalipto: sana
Geranio: alegría.
Uva: alegría, paz.
Jazmín: paz, alegría.
Toronja: alegría, balance.
Pino: paciencia.
Rosa: amor, paz, sexo, belleza.

Dinero

Bergamota: confianza, autoestima, fuerza, motivación.
Ciprés: creatividad, sabiduría, fuerza, generosidad, poder.
Jengibre: fuerza, confianza, coraje, calidez.

Fama

Jazmín: espiritualidad, euforia, intuición, profundidad, alegría.
Manzanilla: meditación, sana, paciencia, relajación.
Sándalo: meditación, equilibrio, conexión, unidad, confort, armonía, serenidad.

Matrimonio

Geranio: creatividad, confort, balance, buen humor, seguridad.
Toronja: claridad, vigor, frescura, alegría, confianza, espontaneidad.
Naranja: purificación, alegría, energía física.
Pino: aceptación, comprensión, perdón, confianza.
Sándalo: alegría, descanso, sexo, creatividad.

Hijos

(Igual que en familia.)

Benefactores

Lavanda: aceptación, integridad, compasión, seguridad, relajación, equilibrio.
Limón: aceptación, versatilidad, estimulación, claridad mental, calma.
Menta: comunicación, penetración, vitalidad.
Pino: perdón, aceptación, comprensión, paciencia, humildad, confianza.

Salud

Clavo: sana, creatividad, alegría, protección.
Lavanda: salud, amor, paz interior, descanso, compasión, equilibrio, confort.

Naranja: alegría, felicidad, calor, equilibrio.
Pino: comprensión, paciencia, aceptación, sana, confianza.
Rosa: amor, paz, sexo, belleza, confort, armonía, pasión, cooperación, perdón.
Manzanilla: paz, alegría, sana, relaja, calma.
Sándalo: alegría, descanso, sana, balance, calor, unidad, confort, confianza.

Los olores generan sensaciones, de confort y bienestar en el hogar, algunos ejemplos generales son:

Manzana	Disminuye la presión sanguínea.
Eucalipto	Limpia las vías respiratorias y reduce la sobrecarga emocional.
Geranio	Alivia la tensión premenstrual y es antidepresivo.
Jazmín	Mitiga el sufrimiento emocional.
Lima-limón	Mejora el estado de ánimo, quita el cansancio.
Menta	Elimina la fatiga mental.
Naranja	Estimula la autoestima.
Sándalo	Levanta el espíritu.

Las texturas suaves nos generan comodidad, calor, confort; caso contrario, superficies duras producen frío y timidez. Las texturas también pueden dar la sensación de rango social e importancia, por ejemplo, el abrir una puerta con picaporte de latón impresiona más que el aluminio.

El Tao o área de la salud se debe activar para generar salud y sanar el Chi del lugar, esto se puede hacer con: plantas, esfera, colores amarillo y naranja, una fuente, un acuario o pecera.

El motivo de las obras artísticas dentro de casa atrae buen Chi al lugar al igual que representa determinadas situaciones. A continuación se exponen algunas opciones:

Elefantes*	Sabiduría
Pinos	Longevidad, perdurabilidad
Florero	Paz
Fénix	Gracia y sabiduría
Peces	Éxito
Loto	Perdurabilidad y rectitud
Corrientes de agua	Riqueza y bendiciones
Nubes	Sabiduría y bendiciones
Oro	Riqueza
Yin/Yang	Unión y equilibrio
Flores	Prosperidad y amor
Tortuga	Longevidad
Monedas antiguas	Riqueza
Murciélagos	Buena suerte, alegría, larga vida (generalmente rojos)
Grullas	Fidelidad, honestidad, longevidad
Venados	Riqueza y suerte
Quimeras	Protección, lealtad
Dragón	Poder, autoridad, fuerza, fecundidad, nobleza, creatividad
Fruta	Buena suerte, salud
Ancianos	Sabiduría y longevidad
Oso	Fuerza y coraje, protección contra ladrones
Campanas	Rompimiento del Chi negativo
Dos pájaros	Amor romántico
Escoba	Barriendo hacia fuera los problemas
Mariposas	Amor y alegría
Perros	Protección y prosperidad
Paloma	Larga vida
Patos	Alegría
Águilas y halcones	Visión y atrevimiento
Pez dorado	Éxito y abundancia
Ganso	Fidelidad conyugal
Caballo	Perseverancia y velocidad

Leopardo	Bravura
León	Protección y defensa
Chango	Inteligencia, salud y protección del mal
Perlas	Pureza
Faisán	Realeza, buena fortuna, belleza
Cisnes	Prosperidad y éxito
Tigre	Coraje, ferocidad
Sapo	Riqueza
Unicornio	Longevidad, fecundidad y alegría.

* *Feng Shui For the Home*, Evelyn Lip.

Los números también tienen un significado en el feng shui:

1) El principio, unidad fundamental de todo, representa el ego, la individualidad, distinción, fama simplicidad y vacío, éxito y suerte.

2) Más y menos, Yin/Yang, masculino/femenino, sol/luna, comienzo y término, montaña y valle, cielo y tierra, dualismo de la existencia relativa, relación de los opuestos, reflexión, atracción, emociones de simpatía, amor y cuidado mutuo. Combinación, creación, productividad. Considerado un número de muy buena suerte.

3) Pluralidad, expansión, abundancia, versatilidad y éxito. Representa la trilogía (Buda, Dharma, Shugha, cielo, tierra, hombre, sol, luna, estrellas, agua, fuego, viento, pasado, presente, futuro).

4) Rueda de la ley, los puntos cardinales, el universo material, sustancia positiva, realización, estabilidad. Combinado con 8, 48 u 84 = prosperidad.

5) Número central, equilibrio, transformación, cambio, los Cinco Elementos, los cinco colores.
Sabores: dulce tierra; gustoso sazonado metal; salado agua; agrio, ácido madera; picante, amargo fuego.
Lo completo.

6) Matrimonio, reciprocidad, interacción de lo material y lo espiritual, simpatía, amor, paz, armonía, unión sexual, arte, música, danza.
Alegría, coraje, amor, odio, delicia, pena.
Las seis palabras verdaderas.

7) Número misterioso. Denota completar, duración, sabiduría, se cree que lleva 7 veces 7 días al alma pasar de la muerte a la rueda del renacimiento.
Renovación de la vida e inmortalidad.

8) Simboliza buena suerte y poder. Las 8 direcciones del espacio, los 8 trigramas del *I Ching*, larga vida y sabiduría.

9) Espiritualidad, abundancia, viajes distantes, sueños proféticos, percepción extrasensorial, larga vida y gran fuerza.

10) Lo completo, gran riqueza, longevidad.

Esta información es aplicable al numero exterior de una casa u oficina al igual que para determinar, en un caso dado, una cantidad de objetos para activar algo. Por ejemplo: si deseamos activar nuestra fama, podemos colocar una fotografía nuestra en esa área del Ba Gua de casa, ya que el numero 1 significa distinción, fama, éxito y suerte.
Este tipo de curas, denominadas trascendentales, involucran el aspecto inconsciente y espiritual con el aspecto material. Esto provoca un equilibrio y una conjunción

de nuestras actitudes Yin (internas) y Yang (externas), reflejándose en la manifestación más equilibrada de nuestra persona en manejo de relaciones sentimentales, proyectos de trabajo y movimiento de dinero.

6
El feng shui en los negocios

EL LUGAR donde vivimos y trabajamos, el arreglo de muebles y habitaciones pueden afectar la salud, el dinero y la felicidad de los habitantes como hasta este momento hemos analizado. El feng shui es la disciplina histórica que gobierna las sutiles energías del cosmos para crear armonía entre el hombre y su entorno. Al referirnos a negocios, este es más sencillo y claro en su aplicación.

Al visitar lugares donde el Chi es «sha Chi», como lo serían hospitales, velatorios, juzgados o panteones, es recomendable traer cáscaras de naranja frescas en nuestras bolsas, todos los cítricos se consideran depuradores de energía no muy favorable.

Es importante que antes de comenzar cualquier aplicación de feng shui limpiemos y adecentemos perfectamente el área deshaciéndonos de objetos rotos, descompuestos y que no se usan, especialmente en los negocios, ya que una oficina espaciosa permite libertad y amplitud de ideas, proyectos y creatividad.

El empleo de bendiciones es recomendable en el lugar, ya que esto atrae la armonía y protección del cosmos a nuestro entorno; una bendición muy poderosa es que en un tazón nuevo y limpio se coloque arroz crudo, el cual se mezcla con el dedo medio (hombres mano derecha, mujeres mano izquierda) repitiendo 108 veces el mantra OM

MA NI PAD ME HUM con un gramo de jusha o cinabrio y 99 gotas de licor fuerte y procedente de botella nueva; de esta mezcla se lanza un puñado en cada una de las áreas, primero con un movimiento ascendente y posteriormente con un movimiento descendente, y lo mismo se hace en las 9 áreas del lugar visualizando la llegada de cosas buenas y positivas y la salida de energías negativas, malos espíritus y estancamientos. Esta bendición de tradición china es muy empleada por el profesor Thomas Lin Yun y sus discípulos al visitar un lugar.

Una cura trascendental para evitar fugas de dinero es la siguiente:

Se necesita un anillo de jade bien lavado y seco, colocarlo debajo de la almohada durante nueve días seguidos. Cada día al dormir se debe visualizar que el dinero que ingresa no se malgasta y alcanza para todo lo necesario; al cumplirse el lapso de nueve días se debe colocar el anillo en el dedo medio de cualquier mano y pronunciar el mantra OM MA NI PAD ME HUM veintisiete veces en nueve bloques de tres repeticiones.

Este tipo de curas, denominadas trascendentales, involucran el aspecto inconsciente y espiritual con el aspecto material. Esto provoca un equilibrio y una conjunción de nuestras actitudes Yin (internas) y Yang (externas), reflejándose en la manifestación más equilibrada de nuestra persona en el manejo de relaciones sentimentales, proyectos de trabajo y movimiento de dinero.

El uso de acuarios, plantas o un espejos detrás de la caja registradora como un detalle decorativo nos ayudará a duplicar la llegada de dinero al negocio.

En el esquema de un negocio, la posición de la puerta de entrada nos puede representar diferentes situaciones:

- Trabajo.
- Exceso de trabajo y objetivos por resolver en ese lugar.

- Viajes o benefactores.
- Posición ideal para negocios, nunca faltarán clientes es ese lugar.
- Conocimiento o autocultivación.
- Ideal para centros de enseñanza y bibliotecas.

Las puertas giratorias hacen circular el Chi y son excelentes para cortar los efectos de esquinas agresivas que apunten a la puerta principal por parte de los vecinos o edificios aledaños; estas puertas son empleadas con mucha frecuencia en los grandes hoteles, principalmente en Europa.

El colocar plantas cerca de la puerta de entrada ayudará a dar una bienvenida agradable al Chi y provocará que fluya armónicamente por toda el área atrayendo al visitante a un lugar fresco y confortable.

El empleo de relojes de pared en las diferentes dependencias del negocio ayudará a activar la energía respectiva en el área en que se coloquen y es una opción empleada como cura muy disimulable que forma parte de la decoración. En lo referente a movimiento del Chi en un negocio, el uso de veletas exteriores se recomienda sobre el área del dinero. Estas también se pueden suplir en interiores por abanicos o ventiladores. También la presencia de un acuario o pecera en el área del dinero va a activar la realización de buenas transacciones comerciales.

Una oficina debe ser espaciosa, amplia y evitar el almacenamiento o el que se vea amontonada y desorganizada; en estos casos el uso de espejos en los muros dará amplitud al lugar y provocará esa sensación de libertad que permite el crecimiento espiritual y material del ser humano. Otro aspecto importante es que se debe procurar que la visión desde la ventana al exterior sea agradable y placentera; el ver a un parque será muy beneficioso y prometedor para el lugar y provocará esa sensación de libertad que permite el crecimiento espiritual y material humano. Otro aspecto importante es que el escritorio debe dominar la puerta de acceso a la oficina, y se recomienda tener un muro detrás de la silla para dar seguridad, y la ventana en un ángulo de 90 grados con respecto al mismo; en el caso de literatos, editores o escritores, tener una biblioteca detrás de la silla fomentará la concentración mental y el logro de un buen trabajo profundo y sensible. Esta posición (ilustración 1.67) y la de la ilustración 1.66 nos representa las posiciones de poder en un negocio.

Posiciones ideales de escritorios en oficina:

Oficina de dirección.

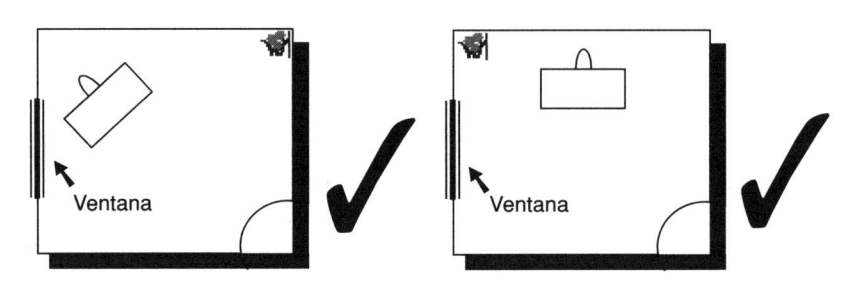

Ilustración 1.66.					Ilustración 1.67.

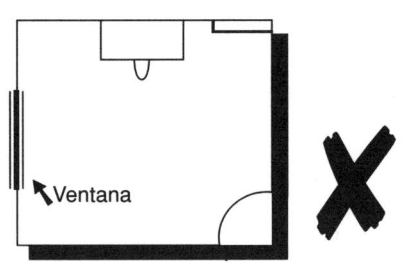

Ilustración 1.68.

El tercer caso (ilustración 1.68) no es nada favorable; si la posición no puede corregirse, se puede recurrir a un espejo que refleje la puerta. Esta posición nos obliga a perder el control de la puerta de acceso reflejándose en falta de concentración y distracción constante en nuestro trabajo.

Oficinas de empleados.

Un escritorio frente a otro genera tensión entre empleados y representa un enfrentamiento constante, y la forma de corregirlo es colocar un tazón con agua o una esfera entre los dos muebles para suavizar la relación entra ambos empleados.

Los escritorios alineados uno detrás del otro en una oficina generan exceso de Yang que se refleja en demasiada competencia, chismes y estrés entre los empleados de esa área.

La manera de corregirlo es colocar plantas entre cada escritorio de forma decorativa.

Los ordenadores se recomienda instalarlos de tal for-

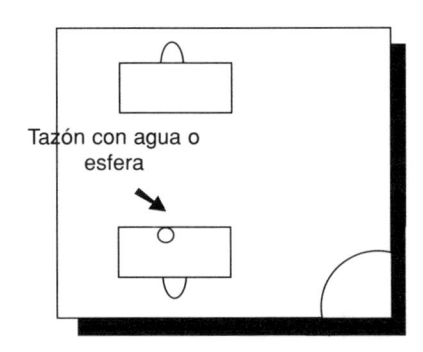

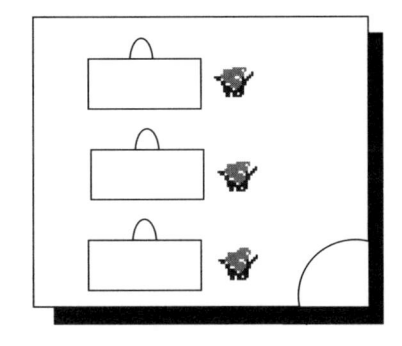

Ilustración 1.69.

Ilustración 1.70.

ma que las personas que trabajan con ellos dominen la puerta de entrada a ese espacio para evitar dar la espalda a la puerta cuando se trabaja con ella.

Se debe evitar obstruir ventanas, puertas y el «amon-

Ilustración 1.71.   Ilustración 1.72.

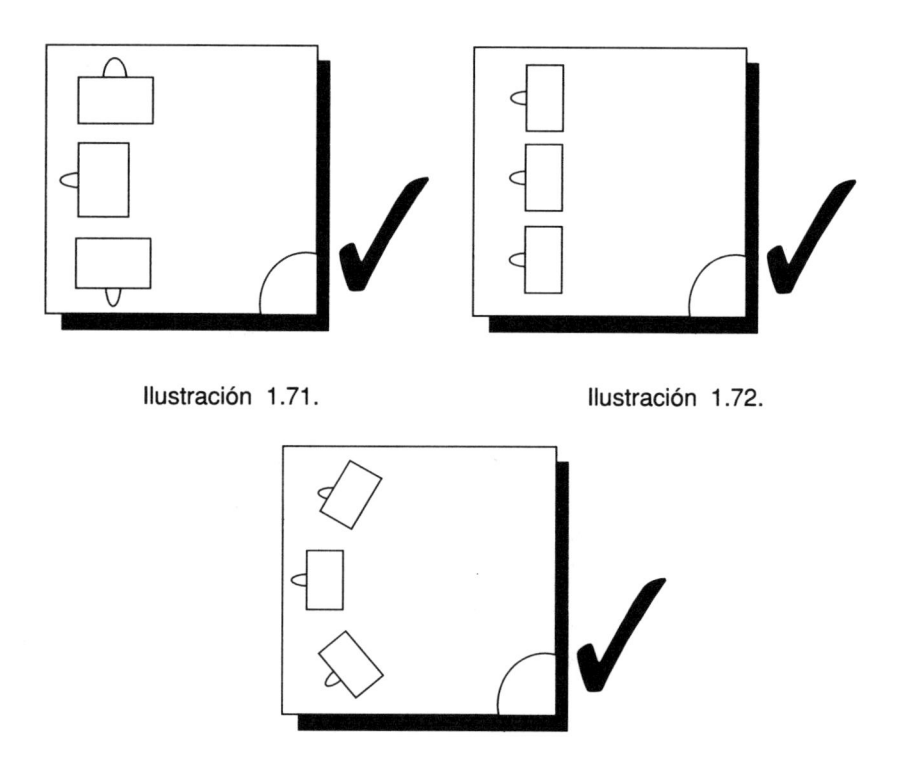

Ilustración 1.73.

Estas tres ilustraciones nos sugieren un buen acomodo de los escritorios en las oficinas de los empleados.

tonar» objetos en esquinas, ya que esto estanca el flujo del Chi en el interior de la oficina; el buscar un acomodo simétrico del mobiliario traerá calidez y armonía al lugar; el uso de simplicidad en la decoración favorecerá el flujo positivo del Chi. Se recomienda el manejo de luz suave y directa. No colgar nada sobre la cabeza en la posición de trabajo del escritorio beneficiará la creatividad y el desarrollo profesional.

Se sugiere, según nuestra profesión, el situar al cliente de distinta forma:

- Terapistas o médicos: se sugiere colocar al cliente en posición segura dominando ambas partes de entrada al lugar.
- Comerciantes: se sugiere colocar el cliente con la espalda a la puerta.

Estas posiciones nos ayudaran a lograr una buena comunicación con el cliente y realizar mejores contratos laborales.

Si nuestra profesión es sanar, se sugiere armonizar bajo la teoría Yin-Yang la decoración del lugar para crear un ambiente sano y equilibrado que despertará la confianza del paciente en el medico, mientras que en los comercios enfatizar el Yang atraerá movimiento de gente y ventas.

Es recomendable que la caja registradora controle visualmente el acceso al lugar y evitar que quede debajo de una escalera o mirando al baño o cocina. El colocar flautas de bambú con el crecimiento hacia arriba sobre la caja registradora protegerá y elevará la energía que llega al lugar atrayendo más clientes y por consecuencia más dinero.

6.1. ÁREAS IMPORTANTES A DESTACAR DE LA BA GUA SEGÚN LA PROFESIÓN

Comercio Finanzas Negocios	• Dinero, fama, benefactores, trabajo y conocimiento.
Escuelas Literatos Artistas Bibliotecas Galerías	• Conocimiento, amor, fama, benefactores.
Cuestiones sociales.	• Familia, amor, hijos, benefactores.
Escuelas Didáctico Juguetes	Hijos.

El poder de un negocio radica en la oficina del director y esta debe localizarse en la parte más alejada del acceso principal y en la mejor posición jerárquica para darle importancia a la empresa.

Dentro de los negocios, el colocar espejos que reflejen calles en el área de benefactores duplicará la llegada de clientes al lugar atrayendo el Chi de la calle y conduciéndolo por el negocio. Otro aspecto importante a tener en cuenta es que la caja registradora se recomienda en área del Tao o de dinero del Ba Gua, lo mismo en el caso del contador o área de contabilidad de la empresa. Esta colocación conjuntaría la energía del área de Ba Gua con la del dinero fomentando un ciclo de crecimiento; asimismo, el departamento de ventas se sugiere en benefactores.

6.2. LAS ESQUINAS

Debemos tener cuidado con las esquinas afiladas, interiores y exteriores que nos representan flechas secretas.

Estas esquinas pueden disimularse con algún objeto decorativo o con una planta; si el espacio es reducido, una esfera de cristal faceteada o una Wind Chime puede ser de gran ayuda.

Se sugiere poner atención a las esquinas de mesas y muebles, buscando redondearlas y disimularlas.

Este aspecto funciona igual que en las casas como ya lo explicamos en un capitulo anterior.

6.3. LOS EDIFICIOS

Es importante analizar la forma de los edificios, el elemento al que pertenecen y el giro de la profesión. Un edificio con buen feng shui es aquel que nos va a permitir un buen desarrollo mental de la gente de negocios, es aquel cuyo ambiente provee una sensación agradable para colaborar y asegurar el éxito de juntas de negocios, provocará un equilibrio emocional y una sensación de bienestar en el ambiente.

En el concepto Ying/Yang, los números pares son Yin y los impares son Yang, por lo que se sugiere que el largo y ancho no sea igual, sino uno Yin y otro Yang. El número 3 representa crecimiento, por lo que el manejo de tres accesos o una entrada de tres partes al edificio es favorable. El número 9 representa longevidad. El número 8 se considera de muy buena suerte y representa la eternidad.

Es favorable atraer vida a los edificios o centros comerciales con patios y jardines exteriores o interiores. El uso de explanadas y fuentes al frente del edificio atraerá buena suerte. El que la entrada del lugar dé a un parque atraerá bendiciones y buen Chi al lugar por medio de la naturaleza.

Es importante que la calle pase frente al negocio o edificio, pues la calle es la que traerá el Chi al lugar. Cuando la calle pasa por la parte trasera de la construcción, a diferencia del caso contrario, provocará inestabilidad y altas y bajas constantes en los ingresos económicos de los habitantes del edificio.

Se sugiere evitar las construcciones en «T» con respecto a la calle, ya que esto ocasionará accidentes y pérdidas económicas muy fuertes. Este tipo de construcciones reciben el Chi de forma contundente y violenta, y esa situación es la que se refleja en accidentes para los inquilinos. Este tipo de construcciones se muestra en la ilustración 1.74.

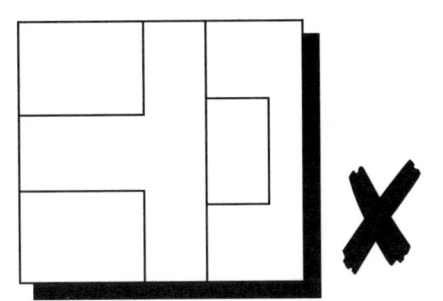

Ilustración 1.74.

144 GUÍA COMPLETA DE FENG SHUI

La forma de corregir este problema es colocar espejos o luces que reflejen hacia la calle o diseñar un jardín frente al edificio. El uso de glorietas con parque puede ser favorable para los edificios, sobre todo en casos como el anterior.

Otro aspecto importante es que se debe evitar que cualquier objeto, cosa, poste o árbol bloquee la o las puertas de acceso ya que esto representa obstrucción para la entrada del Chi a esa construcción.

Algunas formas en la edificación se consideran favorables y de buena suerte mientras que otras representan lo contrario. En construcción se puede considerar lo sólido Yang, y lo hueco o vacío Yin; se sugiere la construcción basada en ejes simétricos usando jardines y fuentes que generarán equilibrio y estabilidad tanto para el lugar como para los negocios que ahí se establezcan. Tal como se muestra las ilustraciones 1.75 y 1.76.

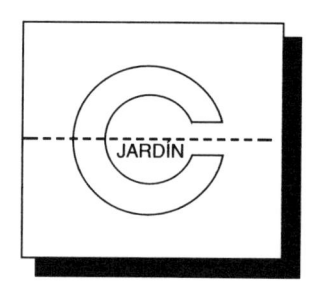

Ilustración 1.75. 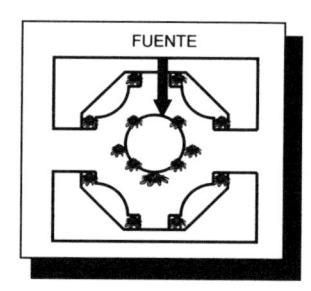   Ilustración 1.76.

Se presentan algunas formas y sus significados en construcción*

☐ Propiedad y posteridad

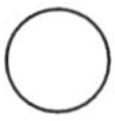

◯ Bendición

⌐⌐ Poder

* *Feng Shui for Business,* Evelin Lip.

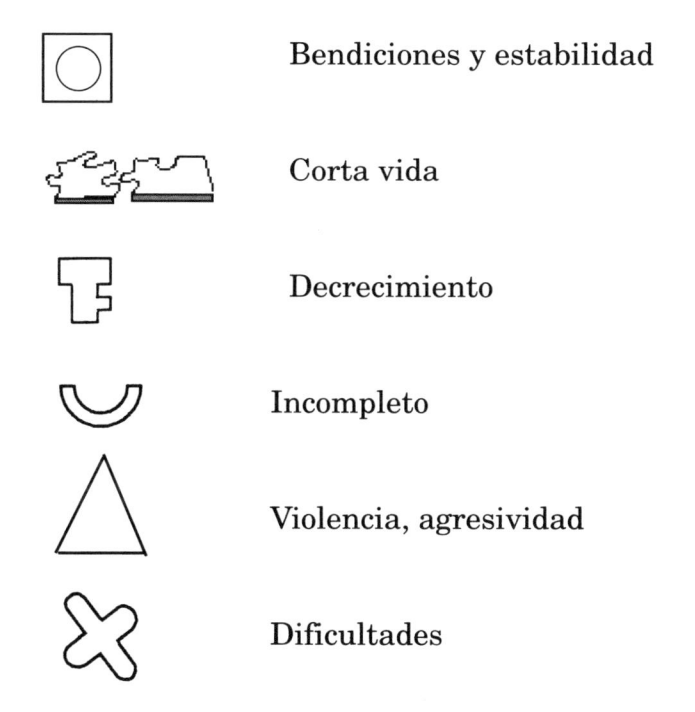

☐ (cuadrado con círculo)	Bendiciones y estabilidad
(forma irregular)	Corta vida
(forma en T)	Decrecimiento
⌣	Incompleto
△	Violencia, agresividad
✗	Dificultades

Otra forma de diseñar construcciones adecuadas es aplicando la teoría de los Cinco Elementos y relacionándola con el elemento que rige la actividad profesional.

Fuego: Ideal para restaurante, ya que el elemento que rige en este tipo de actividades es el fuego.

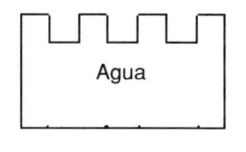

Agua: Ideal para bares o salas de belleza y comercios. Estos negocios se rigen por el elemento agua, recordemos que el agua se relaciona con el dinero.

Tierra: Ideal para arquitectos o contratistas, ya que su principal fuente de trabajo es el elemento tierra.

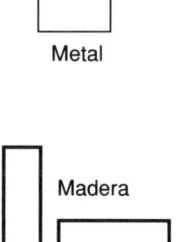

Metal — Ideal para joyerías, compañías mineras, ingenieros, coches, maquinaria, refaccionarias, pues su principal elementos es el metal.

Madera — Ideal para papelerías, mueblerías, jardinerías, agricultura, puesto que son negocios basados y regidos por el elemento madera.

6.4. LAS PUERTAS

Es importante considerar las puertas de acceso a las oficinas; se sugiere evitar que den directamente a un baño, a otra puerta o ventana; en estos casos el uso de biombos o muebles o plantas será favorable; recordemos que la posición de dos puertas frente a frente provocan enfrentamientos, también debemos tener cuidado con puertas encontradas o que abran directamente a un elevador.

En recepción, el usar rojo y negro atraerá protección a ese espacio, y se debe intentar que los sillones no estén frente la puerta para no inquietar a las personas que esperan ser atendidas, esto se muestra gráficamente en las ilustraciones 1.77 y 1.78.

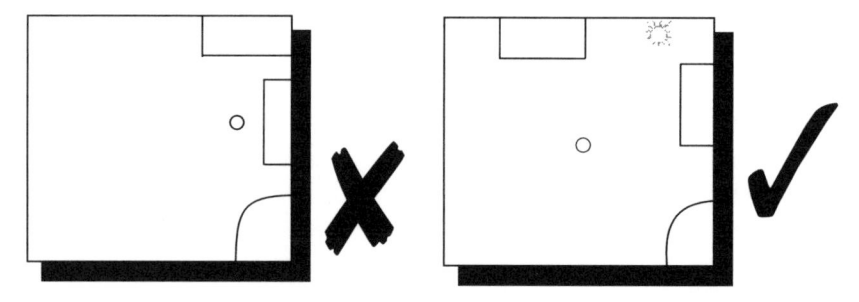

El usar fuentes en la recepción energizará y traerá prosperidad al lugar; el sonido del agua evitará la tensión que generalmente se percibe en los espacios de recepción.

La recepcionista debe tener una pared en la parte trasera de la silla y no estar muy cerca de la puerta de entrada, ya que si esto sucede solo estará pensando en salir del lugar y constantemente distraída.

El decorar con peceras atraerá dinero y crecimiento al igual que imprimirá un detalle distintivo a la decoración del lugar.

El buen empleo de espejos en áreas de benefactores y dinero atraerá prosperidad y duplicará la llegada de clientes en cualquier tipo de oficina.

El colocar un camino guiado por ocho piedras de río hacia la entrada o diez monedas chinas con la cara Yang hacia arriba en el pavimento representará un flujo de dinero llegando al lugar; esta cura es muy recomendable para tiendas o restaurantes.

Otra cura sugerida es el emplear dos espejos enfrentados a la entrada; de esta forma se limpiará el Chi del cliente que accesa al edificio.

Es muy importante considerar que las escaleras no deben estar directamente alineadas con la puerta principal ya que ahuyentarán el dinero, los clientes y las oportunidades, pues representan una recepción muy abruptas para el Chi y para el cliente.

6.5. LA IMAGEN CORPORATIVA

En el manejo de la imagen corporativa es importante considerar el uso de los colores buscando un equilibrio Yin/Yang. El empleo de formas asimétricas e incompletas al igual que de X, ▲ y flechas hacia abajo atraerá inestabilidad y desequilibrio. Se debe buscar equilibrio en el manejo de formas y colores en el logo de la empresa; al analizar las formas, los círculos representan bendiciones y el cuadrado estabilidad; el recurrir a símbolos de poder, autoridad, vitalidad y coraje atraerá esa sensación a la empresa.

Colores Yin	Colores Yang
Verde	Rojo
Azul	Naranja
Gris	Amarillo
Negro	Blanco
Morado obispo	Magenta

Se muestra gráficamente la forma adecuada de situar la información en los impresos de la empresa o los del personal.

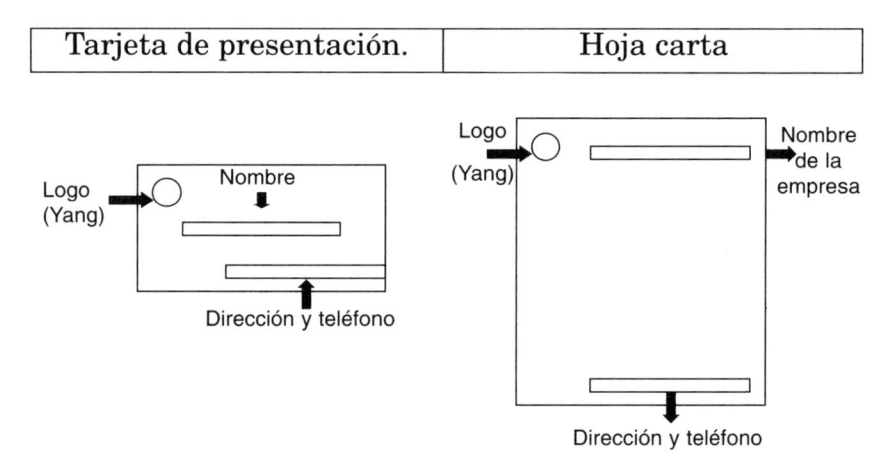

Tarjeta de presentación.	Hoja carta

Letreros

Los letreros son importantes ya que representan el espíritu y esencia del negocio o compañía. Este debe ser agradable, visible y legible, armonioso y proporcionado al edificio. No deben obstruir ni bloquear puertas o ventanas. Los letreros se pueden regir por el Yin y el Yang, recordando el largo con un número par como Yin y el ancho con un número impar como Yang. Se recomienda usar en su diseño de tres a cinco colores (el 3 simboliza crecimiento y el 5 satisfacción).

Las formas recomendadas son círculos, cuadrados o rectángulos, al igual que en el diseño de la imagen corporativa.

Medidas sugeridas como favorables en letreros*

Yin	Yang
18 cm	19 cm
20 cm	21 cm
22 cm	23 cm
38 cm	39 cm
40 cm	41 cm
42 cm	47 cm
48 cm	61 cm
62 cm	67 cm
86 cm	69 cm
88 cm	81 cm
100 cm	89 cm
108 cm	125 cm
128 cm	145 cm
146 cm	147 cm

* *Feng Shui for Business*, Evelyn Lip.

6.6. MEDIDAS IDEALES RECOMENDADAS PARA LOS MUEBLES

Repiseros o estantes de libros:

Alto	Largo	Ancho
108 cm	89 cm	38 cm
125 cm	108 cm	39 cm
146 cm	125 cm	40 cm
190 cm	147 cm	42 cm

Puertas seguras (joyerías, bancos, tiendas), acero o aluminio con cristal.

Alto	Ancho
210 cm	133 cm
210 cm	177 cm
210 cm	210 cm

Altura de la luz recomendada para evitar un exceso de energía electromagnética del piso a su posición en el techo.

241 cm
253 cm
261 cm
275 cm
280 cm
300 cm

Escritorio de gerentes y directores:

Alto	Largo	Ancho
33"	34"	60"
33"	32"	48"
68 cm	—	126 cm
80 cm	—	138 cm

Escritorio de secretaria:

Alto	Largo	Ancho
33"	26"	68"

Librerías:

Alto	Ancho	Profundidad
63"	43"	18"

Se sugiere usar puertas que tapen las repisas en las librerías:

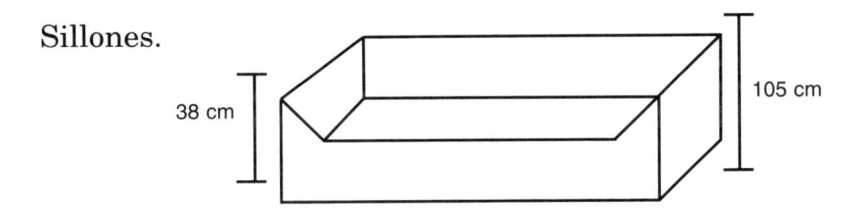

Sillones.

38 cm

105 cm

Mesitas auxiliares

Altura 60 cm.

Sillas

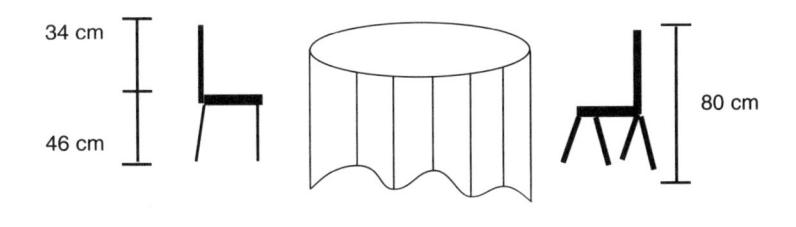

34 cm

46 cm

80 cm

Sillas de restirador   Alto   81 cm
Mesas laterales   Alto   80 cm
Mesas de juntas   Alto   80 cm

6.7. ESTRUCTURAS RECOMENDADAS PARA FÁBRICAS

Este tipo de estructuras se recomiendan para favorecer una adecuada circulación del Chi sin provocar tensión u opresión en los obreros.

Cuestiones desfavorables para situar negocios:

- Que la tierra sea esponjosas y arenosa.
- Que la tierra sea seca, sobre todo debido a un incendio reciente.
- Que el pasto no crezca.
- Que el piso sea mas bajo atrás que delante.
- Que el terreno este hundido.
- Que el terreno este al final de la calle en «T».

Colores sugeridos en oficinas según el signo zodiacal chino:

Rata	Blanco, rojo, verde.
Tigre	Amarillo, blanco, rojo.
Conejo	Blanco, rojo, morado.
Buey	Amarillo, blanco, rojo.
Dragón	Blanco, verde, rojo.
Serpiente	Blanco, verde, rojo.
Caballo	Blanco, verde, rojo.
Cabra	Blanco, verde, amarillo.
Mono	Blanco, verde, amarillo.
Gallo	Blanco, rojo, amarillo.
Perro	Amarillo, blanco, rojo.
Cerdo	Amarillo, blanco, rojo.

Colores interiores recomendados en negocios o establecimientos*

Artículos para el hogar.	Blanco, multicolor.
Galería de arte.	Rosa, rojo, blanco, amarillo claro.
Pastelería, panadería.	Blanco todo, multicolor.
Bar.	Verde, blanco, negro, gris (evitar el rojo).
Sala de belleza.	Azul, blanco, negro, multicolor.
Librería.	Azul, verde, amarillo.
Autolavado.	Blanco.
Papelería.	Azul, verde (claros), rosa blanco.
Informática.	Verde (claro), rojo, multicolor.
Funerarias.	Azul (claro), blanco, toques de rojo.
Mueblería.	Verde, azul, acentos de rojo.
Géneros de conveniencia.	Verde (claro), rosa, blanco.
Joyerías.	Azul, rojo, blanco (evitar el amarillo).
Lámparas.	Azul, verde, rosa, blanco.
Ropa de caballero.	Colores brillantes.
Música (CD, etc.).	Azul, verde, rojo, blanco, negro (colores completos).
Farmacias.	Azul, rosa.
Psíquico (sala).	Blanco, púrpura, negro.
Restaurante.	Azul, verde, multicolor (evitar el rojo mariscos).
Zapatería.	Rojo, blanco, gris, café (evitar blanco y negro).
Supermercado.	Blanco, gris, amarillo claro, multicolor.
Juguetería.	Blanco, gris, amarillo claro, multicolor.
Videoclubs.	Azul, verde, rosa, amarillo claro, multicolor
Bodega.	Azul, verde claro, rosa.
Ropa para dama.	Azul, verde y colores brillantes.

* *Living Color*, Lin Yun y Sarah Rossbach.

Tabla de los colores más favorables para oficinas, según la actividad profesional*

Contadores públicos.	Blanco, beige.
Arquitectos y diseñadores.	Azul, verde, wu xinng.
Estudio artístico.	Blanco, negro, gris.
Bancos y financieras.	Azul, verde, blanco, beige, amarillo.
Compañía de informática.	Azul, verde.
Constructora.	Verde, blanco, negro, gris.
Consultorio médico.	Verde, azul, rosa, blanco, púrpura.
Diseño y publicidad.	Azul cielo, verde, rojo, multicolor.
Estudio de televisión o audio.	Azul, verde claro, rosa, blanco, gris y negro.
Abogado.	Azul, verde, blanco, negro, gris, beige, amarillo.
Librería.	Azul, verde, rojo, blanco, negro, gris.
Estación de policía.	Blanco.
Psicólogo.	Blanco, wu xing, multicolor.
Editorial.	Azul, verde, púrpura.
Bienes raíces.	Verde claro, blanco, beige, amarillo.
Programas informáticos.	Blanco, negro, gris, beige, amarillo.
Importación y exportación.	Verde.
Escritor.	Verde, blanco, acentos.

* *Living Color*, Lin Yun y Sarah Rossbach.

6.8. COLORES SUGERIDOS PARA COCHES SEGÚN EL SIGNO ZODIACAL CHINO

Negro

1900
1912
1924
1936
1948
1960
1972
1984
1996

Rata

Buey

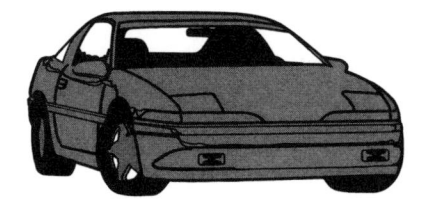

Negro y verde

1901
1913
1925
1937
1949
1961
1973
1985
1997

EL FENG SHUI EN LOS NEGOCIOS 157

Tigre

1902   Verde y negro
1914
1926
1938
1950
1962
1974
1986

Conejo

1903   Verde y azul
1925
1927
1939
1951
1963
1975
1987

Dragón

1904	Azul, verde,
1916	rosa, rojo y
1928	morado
1940	
1952	
1964	
1976	
1988	
2000	

Víbora

1905
Azul, verde,
1917   rosa, rojo y
1929   morado
1941
1953
1965
1977
1989
2001

160 GUÍA COMPLETA DE FENG SHUI

Caballo

1906	Rosa y rojo
1918	
1930	
1942	
1954	
1966	
1978	
1990	
2002	

Oveja

1907	Café, rosa y rojo
1919	
1931	
1943	
1955	
1967	
1979	
1991	
2003	

Mono

1908
1920
1932
1944
1956
1968
1980
1992
2004

Café, rosa y Rojo

Gallo

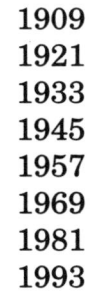

1909
1921
1933
1945
1957
1969
1981
1993

Blanco

162　　　　GUÍA COMPLETA DE FENG SHUI

Perro

1910
1922　　Blanco, gris y
1934　　Negro
1946
1958
1970
1982
1994

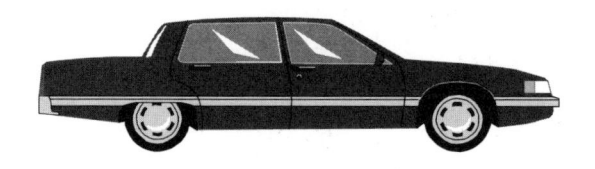

EL FENG SHUI EN LOS NEGOCIOS 163

Cerdo

1911	Blanco, gris y
1923	negro
1935	
1947	
1959	
1971	
1983	
1995	

7
El feng shui y el color

EL COLOR nos ofrece una alternativa para darle encanto a cualquier aspecto de nuestra vida, mejora nuestro carácter, estimula nuestra mente, incrementa la efectividad en el trabajo y la sociedad, asimismo favorece la salud física y mental. El color nos define todo lo que existe, nos abre las puertas de la salud y la fortuna.

El color inspira emociones:

Verde → Vitalidad.
Rojo → Justicia.
Blanco → Pureza, destrucción, despedida y muerte.
Negro → Pesar, grandeza, profundidad.

El color también guía nuestro comportamiento; ningún color es universalmente favorable, cada uno mejora en diferentes contextos y situaciones provocando distintas reacciones y respuestas en cada persona.

El color preside nuestro mundo exterior; rige la comida, la ropa, la casa, el transporte, la educación y el esparcimiento. También representa una guía para las diferentes profesiones y los distintos objetivos de cada cual por obtener en su vida. El aplicar el color adecuado ayuda a obtener felicidad, riqueza y armonía sentimental.

Sus efectos son parcialmente favorables si combinamos e integramos los ciclos generativos y destructivos de los cinco colores: blanco, verde, negro, rojo y amarillo, con la teoría china de los Cinco Elementos: metal, madera, agua, fuego y tierra.

A través de la historia, el color ha tenido gran trascendencia religiosa, medicinal y artística.

En efecto, en el feng shui el color es una de las nueve curas básicas.

La fuerza que nos une al color es el Chi. El Chi de cada uno de nosotros tiene diferentes características en cada persona y es un factor que estimula o deprime el Chi.

Los chinos le otorgan un importante papel en la practica de la política y la religión. La indumentaria se reconocía según el color al igual que en otras culturas a través del paso del hombre por este planeta.

Para el segundo milenio antes de Cristo los chinos utilizaron el color para indicar puntos cardinales, estaciones, ciclos del tiempo y órganos del cuerpo humano.

Las propiedades del color son físicas y emocionales, es decir, el color provoca determinadas respuestas en el ser humano a través de la percepción de cada persona por medio de los sentidos.

En cuanto al color, también buscamos el concepto Tao; existe una clasificación para los colores Yin y colores Yang.

YIN	YANG
Verde	Rojo
Azul	Amarillo
Púrpura azul	Púrpura rojo
Gris	Naranja

Relación entre elementos, color, direcciones y órganos:

Fuego:
- Raciocinio y comportamiento.
- Rojo.
- Verano.
- Sur.
- Corazón.

Tierra:
- Honestidad.
- Amarillo, naranja, café.
- Centro.
- Páncreas.

Madera:
- Benevolencia.
- Verde.
- Primavera.
- Este.
- Bazo, hígado.

Metal:
- Rigidez.
- Blanco.
- Otoño.
- Oeste.
- Pulmones, vesícula biliar.

Agua:
- Interior.
- Negro.
- Invierno.
- Norte.
- Riñones.

Esta relación sirve como una orientación para presentar mas adelante algunos temas conectados con el color.

Los seis colores verdaderos relacionados con el mantra de las seis palabras verdaderas nos van a representar a la figura sagrada y se consideran capaces de dar poder al espíritu a través de la meditación; cada color se relaciona con cada una de las sílabas:

OM	Blanco.
MA	Rojo.
NI	Amarillo.
PAD	Verde.
ME	Azul.
HUM	Negro.

Los siete colores del espectro también se pueden aplicar como una cura para mejorar las diferentes áreas de casa:

Rojo, naranja, amarillo, verde, azul, índigo, morado.

Esta cura es la siguiente:

Un hilo del piso al techo en el área levantará la energía del lugar; este hilo debe contener los siete colores. Representa una conexión del ser humano con la divinidad a través del color.
En color las curas pueden ser estáticas o cíclicas.

→ Estáticas → Presencia de colores determinados
→ Cíclicas → Aplicación de los ciclos (elementos)

Estos aspectos los analizaremos poco a poco detalladamente en los próximos apartados del libro.

7.1. CICLOS APLICADOS AL VESTIR

Al vestir se puede aplicar la cura cíclica del color. Esto se define empleando la teoría de los Cinco Elementos en su ciclo generativo comenzando de abajo hacia arriba como se presenta en las cuatro opciones siguientes y se muestra gráficamente en la ilustración 1.79.

Combinaciones:

Blanco, Me	Negros/gris, A.
Amarillo, naranja, café, T.	Blanco, Me.
Rojo, rosa, F.	Amarillo, naranja, café, T.
Azul, verde, Ma.	Rojo, rosa, F.

Rojo/rosa, F.	Amarillo, naranja, café, F.
Azul, verde, Ma.	Rojo, rosa, F.
Negro, gris, A.	Azul, verde, Ma.
Blanco, Me.	Negro, gris, A.

El aplicar esta teoría en el vestir se convierte en una herramienta para mejorar nuestro estado de animo, fomentar el crecimiento personal y favorecer la armonía y equilibrio de nuestro Chi interior.

7.2. COLORES Y SUS ASOCIACIONES

El color es de gran importancia en el feng shui; este ayuda o afecta el Chi de las personas y de la casa. Los colores más recomendados son los puros, los brillantes como el rojo, naranja, ciruela, gris, verde, negro, morado y azul. Los tonos pastel generalmente reducen la energía; sin embargo, en casos en que se necesite tranquilizar o armonizar con los elementos son empleados como representantes del elemento metal, se les considera tonos sedantes y en algunos casos son de gran ayuda para favorece el descanso y la relajación.

ROJO

Favorable	Desfavorable
Para llamar la atención (señales).	En instituciones mentales.
Distrae.	En dormitorios y oficinas.
Calienta.	
Activa.	En lugares públicos muy estrechos.
Alegra.	

Color sanguíneo, flujo de la vida, también se asocia con violencia y agitación, sin embargo se le considera representante del poder.

AMARILLO

Favorable	Desfavorable
Alegre.	En centros noscturnos.
Crea esperanza.	Reflejado en la cara.
Oportunidades.	En baños.
Vitaliza.	En cajones.
Eleva actitud mental.	En habitaciones para meditar.
Caliente	
Activa la exploración.	

Es el color del sol, es el centro y la riqueza. Clarifica la percepción y revitaliza el Chi. Favorece el crecimiento.

AZUL

Favorable	Desfavorable
Misterio.	Es espacios con necesidad de alegría.
Meditación.	Cuando se necesita agilizar.
Unidad.	En lugares fríos.
Frío.	En sala y comedor.
Serenidad.	En pasillos.

Es el color del agua y del cielo. Es un color extraño, misterioso y aventurero. Genera frialdad y controla las emociones.

NARANJA

Favorable	Desfavorable
Unir a la persona con el lugar.	Autocracia.
Comunicación.	En áreas de descanso.
Pensamiento.	
Espiritual.	
Compañerismo.	

Color del sol. Activador, energetizador de movimiento. No muy recomendable en interiores por su exceso de energía.

VERDE

Favorable	Desfavorable
Naturaleza.	En caso donde no se desea el crecimiento (cancér).
Paz.	Dentro de vehículos.
Rejuvenecedor.	
Calmante.	
Juventud.	
Crecimiento.	

Color de la vida. Generador de salud y crecimiento. Ambientador, conector con la naturaleza. Rejuvenece y se asocia con inmadurez.

BLANCO

Favorable	Desfavorable
Limpieza.	En climas fríos.
Pureza.	En teatros y cines.
Frescura.	En cafeterías estudiantiles.
Transparencia.	En funerarias.
Honestidad.	Salas de espera.
Tristeza.	Cuarto de niños.

Es la presencia de todos los colores. Nada lo influencía. Trae tristeza y depresión aplicado en la entrada de las casas.

NEGRO

Favorable	Desfavorable
Independencia.	Espacios infantiles.
Intriga y misterio.	Hospitales.
Irradia calor.	Comunicación.
Fuerza.	Áreas de servicio.
Solidaridad.	Áreas de lectura.

Color del misterio y de la fuerza. No revela nada y deja todo a la imaginación.

MORADO

Favorable	Desfavorable
Altos procesos mentales.	En calentadores.
Poder.	Salones de belleza.
Eleva autoestima.	Lugares donde el ego pueda chocar.
Espiritualidad.	
Transmutación.	

Color de realeza, evoca el ego, la autoestima, el amor propio y la espiritualidad. Su lado negativo es el coraje y la soberbia. Es el color que activa el Chi del dinero.

El color nos define lo que existe de lo que no existe, influencia nuestra posición social, salud, emociones y estructura, así como el comportamiento del hombre. Estimula nuestra mente y efectividad y mejora nuestra vida y esto se logra través del Chi; la aplicación adecuada del mismo ejerce una influencia psicología en el ser humano promoviendo sensaciones y respuestas adecuadas en cada persona.

7.3. USANDO EL COLOR

La aplicación del color puede llevarse a cabo en muros, objetos decorativos, textiles e infinidad de opciones y nos ayuda a atraer alegría y armonía a los espacios. Te invito a intentarlo y experimentar sus efectos favorables.

Levanta energía:	Amarillos, rojos, turquesas, colores brillantes.
Baja la energía:	Cafés, ocres, oxidados, colores oscuros.
Suaviza la energía:	Rosas, claros, corales, pasteles.
Dirige la energía:	Rojos, dorados, morados.
Neutraliza la energía:	Blanco, beige, bronceados.
Mejora creatividad:	Naranjas, turquesa, azules brillantes.
Incrementa espiritualidad:	Morados, violetas, blanco.
Tonos cálidos:	Rojo, naranja, amarillo, amarillo verdoso.
Tonos fríos:	Azules, azul verde, lavanda.
Tonos románticos:	Rosas, rojos, naranjas, verdes cálidos.
Tonos sexuales:	Rojos, negro, naranjas, fucsia.
Colores terrenos:	Rojos, cafés, dorados, beige.
Colores de poder:	Dorados, negro, morados, rojo, azul rey.
Colores suavizantes:	Verde, azul, durazno.

EL FENG SHUI Y EL COLOR 175

Ciclo constructivo 5 elementos en la ropa. 5 colores*

Ilustración 1.79.

---

* *Living Color*, Lin Yun/Sarah Rossbach.

7.4. COLOR EN EL PAISAJE

El paisaje ideal es suave y verde acentuado con arbustos y flores de colores, así como un río suave y tranquilo lo es con el sonido de los árboles por el viento.

El color nos va a ayudar a mejorar la suerte de los inquilinos del lugar. El paisaje natural ofrece una gran variedad de colores que dan sentido a nuestra vida y nos imprimen serenidad.

Una forma de mejorar el Chi de un sitio es aplicar el uso de los elementos sobre el terreno y en la fachada por medio de colores. A continuación se enumeran algunas sugerencias para mejorar el paisaje de nuestro hábitat:

• El mejor color para bardas es verde jade y rojo; el primero representa fuerza y crecimiento, y el rojo fuerza, poder y nobleza.

- Las bardas blancas representan muerte, enfermedad, caídas y rupturas.

- Si no se pueden pintar, entonces se debe sembrar flores o poner objetos decorativos rojos.

- Se pueden integrar a casa para armonizar la fachada.

- Diseñar jardines, aunque sean pequeños, significan una barrera protectora de la casa hacia el mundo exterior. Este tema se abarca en el próximo capitulo de este libro.

8
El feng shui en el jardín

EL FENG SHUI une al ser humano con el lugar. Es una disciplina que nos enseña a fluir con la naturaleza. El aliarla con el hombre trae armonía, el dominarla trae conflictos; el conjuntar ambos aspectos se puede lograr primordialmente en un jardín. Un jardín es de gran importancia, representa un centro natural que se convierte en una habitación, un espacio de reunión y convivencia, un lugar de meditación o un espacio de encuentro entre el hombre y la creación. En su formación o diseño intervienen la línea, el color, las sensaciones, los aromas y la vista, aspectos que nos inducen a crecer, sanar y mejorar nuestras vidas, además de representar un reencuentro motivador y una alianza con la naturaleza.

Todo lo que nos rodea penetra y satura nuestros poros y nuestros sentidos, así que una vista agradable y saludable va a mejorar toda nuestra vida y nuestro enfoque al percibirlas a través de todos nuestros sentidos. Un jardín transforma nuestra vida y nuestro futuro, nos conecta con el todo y nos conduce a la felicidad por medio de su frescura, armonía y esa sensación de reunión con nuestra madre tierra.

Aspectos importantes de un jardín para una casa

Es importante considerar los siguientes aspectos para provocar armonía con el jardín:

1) Proteger la casa.
2) Colocar la entrada principal al oriente.
3) Crear caminos ondulantes.
4) Crea una separación y privacidad entre la casa y la calle.
5) Asegura vegetación sana rodeando la casa.

Un jardín necesita una entrada y un camino que guíe a un lugar cómodo donde situarnos en él, así como bardas o cercas que delimiten su espacio. Un jardín se convierte en el lugar de los deseos. Un jardín es para disfrutarlo y para convivir con él. Un jardín nos ofrece como sus aspectos clave:

— Nos conecta con el todo (Tao).
— Nos da el equilibrio (Yin, Yang).
— Fortalece el Chi de la tierra y del ser humano.

Es importante atraer Chi o energía al jardín, esto se puede lograr con pajaritos y mariposas, ya sea por medio de flores o con bebedores y alimentadores de aves.

A continuación se exponen algunas sugerencias:

Plantas que atraen mariposas

— Castaño de Indias (*aesculus*).
— Madroño (*arbutus*).
— Árbol de la castidad (*vitex*).
— Arbusto de la mariposa (*Buddleia*).
— Lilas (*ceanothus*).
— Lavanda (*lavandula*).
— Achillea.
— Ceanoto.
— Centranthus.
— Cosmos.

- Delfinio.
- Rudbeckia.
- Salvia.

Plantas que atraen pájaros

- Albizia.
- Betula.
- Manzana.
- Pino.
- Elmo.
- Roble.
- Manzanita.
- Chaenomeles.
- Cornus.
- Garrya.
- Guvillea.
- Piracanto.
- Antirrhinum.
- Cola de león.
- Nicotiana.
- Penstemon.
- Zauschneria.
- Campis.
- Clematis.

Algunos aspectos importantes para el diseño de un jardín serán los siguientes:

- Crear un perímetro definido que le dé una forma como parte de nuestra propiedad.
- Crear caminos que nos inciten a pasear, a llegar, nos guíen al recorrerlo.
- Crear un umbral, nos va a representar un abrazo, una bienvenida.

Estos aspectos nos van a generar la sensación de pertenecer al lugar influenciándonos para integrarnos en su propia esencia. Esto también se puede lograr con macetas, esculturas o caminos que representen simbólicamente la conexión con la naturaleza.

El crear una visión profunda y un lugar acogedor al cual llegar y que nos atraiga por medio de caminos significa el aprender a conducirnos al final de nuestras metas.

El recurrir a variedad de formas, colores y tamaños le dará movimiento y atracción a nuestro pequeño espacio personal, el cual será nuestro jardín.

Las plantas y la naturaleza pueden clasificarse en elementos; a continuación se presenta una relación de cómo identificarlos y poder ubicarlos en una Ba Gua aplicado a ese espacio donde situaremos nuestro jardín. La teoría de los Cinco Elementos la explicamos detenidamente al principio de este libro; con esa información y esta clasificación te será sencillo reconocer algunas plantas y escogerlas para tu jardín.

Formas y significados

Fuego

Son árboles de forma triangular o plantas de hojas triangulares, su principal característica es que activa el pensamiento.

Ejemplo: cedro, pinos.

Sugerencias:

- En un área para vigorizar o elevar la energía dentro o fuera de la casa:
— Iris.
— Zantedeschia.
— Strelitzia.
— Amaryllis.
— Betula.
— Picea.
— Lizodendron.

Tierra

Son árboles de formas compactas y/o cuadradas. Se caracterizan por:

— Dar estabilidad.
— Une al lugar con la persona.
— Provee seguridad.
— Evita el nerviosismo.
— Aleja la aventura.
— Impide la individualidad.
— Ahuyenta el conflicto.

Se recomienda en jardines infantiles que necesitan seguridad y confianza.
En salud ayuda en enfermedades como Parkinson o esclerosis múltiple.

— Eschscholzia.
— Cistus.
— Rosa.
— Artemisia.
— Buxus.
— Juniperus.

Metal

Son árboles de forma circular o plantas de hojas circulares.
Representan refinamiento, gracia, densidad, resistencia, intensidad, rango, finales.
Favorece el control, estimula el pensamiento y la determinación.
Su aspecto negativo es que delimita la libertad, la humildad y la autonomía.

Se recomienda usar este elemento en el área de conocimiento en interior o exterior.

- Echinops.
- Allium.
- Hydrangea-hortensia.
- Artemisia.
- Santolinas.
- Stackys.

Agua

Son árboles y plantas con hojas de forma irregular. Se emplea para obtener relajación, deseo de alcanzar metas, tranquilidad, germinación, inactividad, depresión, paz, optimismo.

Este elemento en exceso provoca: detener la libertad, soledad, inestabilidad, nerviosismo, egoísmo.

- Echinops.
- Hydrangea.
- Iris.
- Lonicera.
- Wisteria.
- Anémona.
- Hosta.

Madera

Son árboles altos, alargados o arbustos largos.

Este elemento atrae crecimiento, cambio, nuevas ideas, expansión, sueños, poder, experiencia, perseverancia.

— Ilex.
— Cornus.
— Ciprés.
— Bambú.

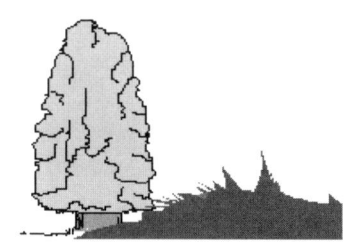

Los árboles de ramas hacia abajo conectan la naturaleza con las fuerzas naturales de la tierra. Sirven para generar renovación, conexión, recuerdos, satisfacción, magia, evitan el egoísmo y los celos.

— Sauce llorón.
— Cedro.
— Agonis.
— Abutilon.
— Garrya.
— Lonicera.
— Fucsia.

No se recomienda abusar de su presencia, son adecuados para áreas de meditación.

Color en el jardín

El color nos genera sensaciones, emociones, estados de ánimo y nos provoca una respuesta; esto al aplicarlo en jardines nos puede servir para obtener resultados y metas inmediatas a través del impacto visual que generan en el espectador.

Cada color nos va a provocar una respuesta inconsciente enumerada a continuación:

— Rojo: enciende, estimula la mente.
— Magenta: agiliza procesos mentales, emocionales y espirituales.
— Morado: supremacía y elevación espiritual.
— Naranja: fusión, amistad.
— Rojo quemado: conecta con la tierra.
— Terracota: seguridad.
— Amarillo: clarifica, atrae, abundancia.
— Arena: investigación.
— Dorado: individualidad, abundancia.
— Verde: expansión, crecimiento, tranquilidad.
— Verde claro: deseos, descanso.
— Lima: espiritualidad.
— Gris: cooperación.
— Azul: misterio, autoestima.
— Turquesa: éxtasis.
— Cobalto: propósitos, profundidad.

El color lo podemos manifestar por medio de flores naturales acordes con los resultados que queramos obtener; al aplicar la Ba Gua al jardín se deben colocar en áreas especificas. Por ejemplo:

Si nosotros deseamos incrementar y mejorar los hábitos de estudio de nosotros mismos y nuestros hijos, aplicando el Ba Gua al jardín y la ubicamos en el área de conocimiento:

Al ubicar esta área se sugiere sembrar flores de color terracota y arena para atraer seguridad en cuestiones de estudio e investigación.

Madera	Fuego	Tierra
Madera	Tierra	Metal
Tierra	Agua	Metal

↑ ↑ ↑

En el caso de aplicar los elementos la Ba Gua del jardín para colocar plantas representativas, recordemos el elemento que rige en cada área.

Dinero	Fama	Amor
Familia	Fama	Hijos
Conocimiento	Trabajo	Benefactores

↑ ↑ ↑

La Ba Gua y las plantas

Otra forma de armonizar un jardín es basándose en el significado simbólico de las plantas. A continuación se presentan algunas sugerencias según cada área.

— Plantas sugeridas según cada área:

Trabajo

Azalea: moderación.
Jazmín: confianza.
Rojo: optimismo.
Juniper: confianza en nuestro juicio.
Fucsia: coraje.

Conocimiento

Clematis: claridad mental.
Rosa: deseo emocional.
Azalea amarilla: generación de ideas.

Benefactores

Manzana: rechazar negatividad.
Frambuesa: entrega.
Dátil: amistades perdurables.
Lilas: sensualidad.
Gardenia: indulgencia.
Maple: proteger valores.

Dinero

Dalia impulsa a crecer.
Hibiscus (malvones): obtener metas.
Edelweiss: estimula a escalar (Estrella suiza).
Bambú: para obtener metas.

Fama

Violetas: estatus.
Clematis: futuro brillante.
Iris: nuevas expectativas.
Crisantemo: recordar el pasado.

Amor

Rosa: amor.
Clavo: atraer suerte.

Salud

Verbena: balance.
Gladiola: bienestar.
Plantas resistentes.
Buganvilla: florecimiento
Tulipán: salud.

Familia

Tulipán negro: exaltar cualidades.
Árboles: conexión al pasado.
Menta: crecimiento.

Hijos

Pino: inmortalidad.
Sábila: sanar.
Lilas: proliferación.

Plantas y sus significados

Pino.	Longevidad, ecuanimidad.
Ciruela.	Belleza y juventud, espíriru inconquistable.
Sauce llorón.	Gracia no plantar en jardín interior.
Pera.	Longevidad pureza.
Ciprés.	Realeza.
Acacia.	Estabilidad.
«Ta».	Falta de fe.

Toronja.	Fertilidad.
Camelia.	Juventus, crecimiento.
«Loquat».	Riqueza.
«Peonías».	Riqueza.
Bambú.	Juventud.
Orquídea.	Resistencia, perdurabilidad amor, belleza, fertilidad, fuerza.
Durazno.	Amistad nunca frente a casa.
Jazmín.	Amistad dulzura, amor.
Rosa.	Belleza.
Narciso.	Rejuvenecer.
Crisantemo	Honor al pasado alegría, larga vida.
Dátil.	Amistades perdurables.
Pérsimo.	Entrega.
Maple japonés.	Proteger valores.
Plátano.	Yin.
Uvas.	Abundancia.
Papaya.	Yin.
Sáliba.	Sana, suaviza.
Manzana	Fomenta el abandono y el tomar su propio camino, paz y posperidad.
Fresno.	Fortaleza.
Azalea.	Moderación, gracia femenina.
Laurel.	Protección.
Tulipán negro.	Destacar cualidades.
Buganvilla.	Triunfar sobre la abversidad.
Cedro.	Preserveración.
Clavo.	Destino.
Dalia.	Impulsa a la persona.
Eucalipto.	Clarifica la percepción.
No me olvides.	Enfoca.
Fucsia.	Comunicar necesidades.

Gardenia.	Coraje para hablar la verdad.
Geranio.	Perseverancia.
Gladíolo.	Levanta el espíritu y establece el estado de ánimo.
Narciso.	Poner atención a los demás, evitar ego.
Margarita.	Simplicidad, profundidad de pensamiento.
Siempreviva.	Consistencia, amor al prójimo.
Brezo.	Encuentro con el interior.
Iris.	Creatividad.
Junípero.	Conciencia, aceptar consejos.
Lavanda.	Objetividad, desprendimiento.
Limón.	Despierta y desprende.
Lila.	Regresa la claridad.
Lirio.	Escuchar.
Loto.	Revelar la verdad, pureza.
Magnolia.	Belleza física, dulzura femenina.
Maple.	Captar atención.
Mimosa.	Evitar mezquindad.
Hongos.	Sobrevivir a la oscuridad.
Mirto.	Amor.
Acebo.	Pensar antes de actuar.
Hiedra.	Enredar, desparramar.
Muérdago.	Protege de malos espíritus.
Hojas de roble.	Bravura.
Roble.	Victoria.
Pensamiento.	Profundidad de pensamiento.
Granada.	Madurez.
Frambuesa.	Compartir.
Rododendro.	Armonía.
Salvia.	Purificación de pensamientos y acción.
Girasol.	Motivar, perfección, felicidad.

Tomillo.	Coraje y energía, deseos.
Tulipán.	Convertir la adversidad en victoria.
Verbena.	Tenacidad.
Viñedo.	Distinción.
Violetas.	Fe.
Cereza.	Belleza femenina.

Dónde situar un jardín para obtener metas*

Un jardín es un medio natural a través del cual, por su conexión con la tierra, podemos lograr nuestros deseos; el efecto inconsciente que ejerce sobre nuestra mente es refrescante y despierta nuestra creatividad.

Deseo	Lugar
Abundancia de trabajo.	Vista desde el lugar de trabajo.
Embarazo.	Dormitorio.
Amor.	Esquinas de corazón.
Crecimiento mental.	A la izquierda entrada (conocimiento).
Prosperidad profesional.	Fama.
Buenas calificaciones.	Lado izquierdo de un escritorio.

* *Feng Shui in the Garden*, Nancilee Wydra.

En el diseño de un jardín podemos recurrir a accesorios como: rocas, alimentadores, atrapasueños, Wind Chimes, fuentes, geodas, casas para pájaros, carretas, esculturas para darle estética y movimiento al mismo jardín.

En aquellos casos donde existen albercas, el color de ellas también interviene en nuestra suerte, fortuna y riqueza; recordemos que el agua se asocia con meditación, riqueza, sabiduría y profundidad, por lo que en lo referente al color para albercas y fuentes lo aplicamos de acuerdo con el área de la Ba Gua en que se ubica, ya sea del jardín o del terreno.

OBSERVACIONES:

- Un jardín puede servir para completar la forma de una casa.
- Sirve para proteger, abrazar y generar privacidad a las casas.
- Crear una agradable vista a una ventana o puerta.
- Importante una fuente en un jardín frontal.
- Crear caminitos que guíen.
- Usar bardas con jardines en calles muy transitadas.
- Aplicar los Cinco Elementos en el diseño de un jardín.
- Usar puertas o aberturas al edificio para que el Chi del jardín circule por la casa.
- Corregir ángulos y paredes irregulares con jardines.
- Diseñar áreas «coquetas» para la basura, los utensilios de limpieza y jardinería.
- Invitar a la naturaleza con alimentadores, tazones de agua y áreas para pájaros.
- Invitar a la convivencia con bancas y creando un área de estar en el jardín.

8.1. DISEÑO DE JARDINES

Tú puedes crear tus propios diseños de jardines con todas las herramientas mostradas y aprendidas en este libro y en este capítulo. A continuación te presentamos algunos ejemplos de diseño de jardines, pero recuerda que lo más importante en el feng shui es crear tu propio ambiente natural, por lo que el aplicar tu creatividad imprimirá tu toque personal y hará que tu feng shui personal funcione.

Jardín de poder

Se diseña para transferirle energía al individuo y le permite reconocer su propio poder interior. Sugerido en casos que se requiera alejar: frustraciones y bloqueos, y se recomienda situarlos en un lugar prominente donde se observe a diario, puede ser debajo de un balcón, ventana o escalera o tal vez en la entrada de la casa.

Generalmente son ordenados, de apariencia ceremonial, y se caracterizan por su repetición de forma modular y uniforme.

La forma sugerida es octagonal con al menos tres caminos de acceso que nos permitan disfrutar de su diseño y apariencia.

El punto focal más importante de este tipo de jardín es el área de fama.

Jardín del amor

Este jardín debe estar lleno de fragancias y colores, es recomendable que sea privado y cómodo para fomentar ese sentimiento puro y limpio.

Un jardín del amor es un testamento del propósito más alto de la vida, es el camino que la mayoría de los seres vivos buscamos por este tipo de jardín. Debe estar lleno de simbolismo; se pueden escoger plantas y símbolos que expresen nuestros más intensos sentimientos del amor.

La entrada debe tener una puerta, ya sea formada por ramas arqueadas de un árbol o por un dintel que invite a la curiosidad y la aproximación, provocando una sensación de privacidad e intimidad. Es el lugar ideal para encontrar nuestro ser interior.

Jardín de meditación

El diseñar un jardín de meditación nos sirve para atraer reflexión personal y entendimiento. La meditación nos embarca en un camino que favorece un cambio positivo y un crecimiento espiritual a nivel cósmico.

El corazón o centro del jardín debe ser algo distinto que destaque del paisaje, un foco de concentración que capte toda nuestra atención. El corazón del jardín lo puede representar un estanque, fuente, una fragancia, colores en flores o accesorios, las flores de color amarillo o naranja magnetizarán el jardín. Es adecuado e importante que tenga un lugar donde sentarse cómodamente.

Se sugiere colocarlo en un lugar que asegure solidez, tranquilidad, lejos de áreas muy transitadas; es importante la presencia de un roble o un riachuelo. Puede ser en una habitación, un ático, un lugar donde no nos distraigan, o incluso en el baño.

Es importante la presencia de árboles y de un solo camino que sea visible, sólido y seguro, que se reflejará en nuestra actitud ante la vida: visible, sólida y segura.

Jardín para niños

Este tipo de jardín se propone para cualquier persona que desee salir de la rutina y del estrés cotidiano. Es un jardín saturado de experiencias que evitan el aburrimiento y fomentan la exploración.

Un niño necesita espacio para investigar, para ejercitarse y escalar, por lo que, si es posible, este estilo de jardín debe tener objetos para escalar y lugares suaves para caer. También debe tener escondites, logrados con troncos de árbol, arbustos, una casa en el árbol o cualquier objeto que ofrezca un espacio para esconderse y jugar.

Un estanque o fuente es otro gran atractivo para este jardín, un lugar seguro para que el niño moje sus manos o juegue con barcos de papel o enjuague sus manitas al jugar.

El escoger un pequeño espacio para sembrar una hortaliza representará una gran experiencia de contacto, cuidado y armonía con la naturaleza para un niño o cualquier adulto.

Un columpio o una llanta colgando de un árbol cumplirán con las expectativas de movimiento que el niño busca en todo jardín o la presencia de juegos de troncos que le permitan desarrollar toda su creatividad.

UBICACIÓN:

En un lugar amplio y visible para los padres desde cualquier área de la casa.

Los límites o perímetro del jardín se sugieren con árboles o arbustos, por ejemplo: lilas o lavanda. Estas plantas deben ser suaves y sin espinas para evitar que el niño se lastime.

Tiene que haber caminitos ondulantes, divertidos. El jardín debe ser mágico y fantástico desde su entrada, la cual puede tener banderas o algún objeto que simule la entrada a un castillo.

El usar campanitas y alimentadores de pájaros atraerá buen Chi al lugar y se convertirán en otro objeto de atención para el niño.

Plantas sugeridas para una hortaliza

Fresas.
Tomates.
Maíz.
Zanahorias.
Fríjol.
Chícharos.
Calabazas.

9
El ritual del sobre rojo

¿Qué es? ¿Cúal es su importancia? ¿Cómo aplicarlo adecuadamente?

EL profesor Lin Yun generalmente se ve rodeado de personas con preguntas personales y peticiones de transfusión de Chi; cuando esto sucede, se entregan sobres rojos. El numero de los mismos varía según las personas, pero el rango es generalmente de uno a nueve, y lo más confuso de estos eventos es cuando el profesor Lin siempre devuelve al donante el dinero depositado dentro de los sobres rojos y graciosamente conserva los mismos.

Sin embargo, cuando sus discípulos comparten cualquier método trascendental, requieren sobres rojos y deben guardar el dinero y los sobres.

Esta tradición ha sido respetuosamente practicada por todos sus discípulos y por el profesor.

Cuando el profesor nos provee de soluciones trascendentales o transfusiones del Chi, está otorgándonos sabiduría sagrada y conocimiento divino mas allá del parámetro terreno.

Este ritual tiene tres propósitos:

1. La demostración sincera de respeto del donador por el conocimiento sagrado.
2. Proteger al maestro del ser castigado al revelar la información sacra.

3. Fortalecer e incrementar la efectividad de las curas trascendentales transmitidas.

El maestro colocará los sobres rojos debajo de su almohada por la noche y aplicará los tres secretos antes de dormir.

Es importante que los sobres sean nuevos, contengan una aportación monetaria dentro de cada uno para la persona que compartió su conocimiento sagrado.

Conclusiones

Este libro es una aportación de mi camino dentro de esta filosofía mediante el que busco compatir con quien lo lea toda la profundidad de este conocimiento que cambió mi vida; asimismo, la aplicación de lo aquí expuesto es responsabilidad del lector, mi finalidad es transmitir lo hasta hoy aprendido por mí y que ha ayudado a encauzar mi vida hacia un camino espiritual más estable, profundo y equilibrado desde que conocí al profesor Thomas Lin Yun, un ser lleno de luz, amor y compasión hacia toda la humanidad.

Con todo mi amor y agradecimiento al profesor Thomas Lin Yun, a Cristal Chu, Nancy Wang, a todo el equipo del Lin Yun Temple, a Juan y Carmencita Álvarez, a James A. Moser (Pancho Pantera), a Sean Xenja, a David D. Kennedy, a Jami Lin, Lillian Garnier, Edgar Sung, Lillian Too, Marta Lucía Olano, Sarah Rossbach y Nancilee Wydra.

Glosario

Ba Gua.	Octágono regular, símbolo del *I Ching* con ocho trigramas.
Chi.	Energía cósmica, aliento humano.
Chu-shr.	Curas ilógicas, fuera de lo tangible.
Feng Shui.	Viento-agua.
Jusha.	Mineral rojo, puro, con poder místico y medicinal (cinabrio).
Ling.	Partículas energéticas embrionarias de Chi humano.
Realgar.	Sustancia tóxica con el poder del arsénico.
Ru-shr.	Curas lógicas, tangibles.
Tao.	Religión, filosofía. Unidad.
Wind Chime.	Campana de viento. Espanta los espíritus.
Wu-Xing.	Los Cinco Elementos.

Bibliogafía

Álvarez, Juan M.: *Feng Shui, La armonía de vivir*, edición revisada, Miami, The Fairy's Ring, Inc., 1998.
Álvarez, Juan M.: *Feng Shui, La armonía de vivir*, Málaga, España, Editorial Sirio, S. A., 1997.
Binjie, Chun: *Relatos mitológicos de la Antigua China*, Madrid, España, Miraguano Ediciones, 1992.
Birdsall, George: *The Feng Shui Companion*, Rochester, VT, Destiny Books, 1995.
Brown, Simon: *Practical Feng Shui*, Londres, Ward Lock Book, 1997.
Campany, Robert Ford: *Strange Writing, Anomaly Accouts in Early Medical China*, Albany, NY, State University of New York, 1996.
Cano, Román: *Manual del Sanador de Casas*, Tercera Edición, Santafé de Bogotá, Ediciones Martínez Roca, S. A. / Planeta Colombiana Editorial, S. A. 1998.
Collins, Terah Kathryn: *The Western Guide To Feng Shui*, Carlsbad, CA, Hay Hause, Inc., 1996
Collins, Terah Kathryn: *The Western Guide To Feng Shui*, (Cia. Tape Audio Program), Carlsbad, CA, Hay Hause, Inc., 1997.
Craze, Richard: *Feng Shui Book & Card Pack*, Berkcley, Conar Press, 1997.
Chin, Ron D. & Warfield, Gerald: *Feng Shiu Revealed*, Nueva York, NY, Clarkson N. Potter, Inc., 1998.
Chuen, Lam Kam: *Feng Shui Handbook*, Nueva York, NY, Henry Holt and Co, Inc., 1996.

Ducourant, Bernard: *Sabiduría china: sus proverbios y sentencias* (Toute la Sagesse Des Senteces et Poverbes Chinois), Barcelona, España, Ediciones Martínez Roca, S. A., 1997.

Edde, Gerard: *La Sabiduría por el Hábitat* (Santé et Habitat Selon Les Traditions Chinoises du Feng Shui), Barcelona, España, Edición Índigo, S. A., 1991.

Eitel, Ernest J.: *Feng Shui, la ciencia del paisaje sagrado en la Antigua China* (Feng Shui, The Science of Landscape in Old China), Barcelona, España, Ediciones Obelisco, S. A., 1993.

Evelyn, Lip: *Feng Shui*, Environments of Power, Academy Group Lid / National Book Network, Inc., 1995.

Fairchidl, Dennis: Healing Homes, Birminghan, MI, Wavefield Books, 1996.

Giles, Herbert A.: *Religions of Ancient China*, Singapur, Graham Brush (Pte) Ltd., 1989.

I Ching, trad. Inés Frid, Buenos Aires, Argentina, Editorial Troquel, S. A.

Kingston, Karen: *Creating Sacred Space With Feng Shui*, Nueva York, NY, Brodway Books, 1997.

Lagatree, Kirsten M.: *Feng Shui*, Nueva York, NY, Villard Books, 1996.

Lenk, Hans & Paul, Gregor: *Epistemological ISSVES in Classical Chinese Philosophy*, Albany, NY, State University of New York, 1993.

Linn, Denise: *Hogar Sano* (Sacred Space), México, D.F. Ediciones Robin Book, S. L. / Editorial Océano de México, S. A. de C. V., 1997.

Linn, Denise: *Sacret Space*, Nueva York, NY, Ballantine Books, 1995.

Linn, Denise: *The Secret Language of Sings*, Nueva York, NY, Ballatine Books, 1996.

Lip, Evelyn: *Feng Shui for Business*, cuarta edición, Teorrance, CA. Heian Internacional, Inc., 1996.

Lip, Evelyn: *Fun With Chinese Horoscopes*, tercera edición, Singapur, Graham Brush (Pte) Ltd., 1995.

Lip, Evelyn: *Personalize Your Feng Shui*, primera edición, Torrance, CA. Heian International, Inc., 1997.

Lip, Evelyn: *Feng Shui, A. Laymaris Guide*, quinta edición, Torrance, CA, Heian International, Inc., 1996.
Lip, Evelyn: *Feng Shui For the Home*, quinta edición, Torrance, CA, Heian International, Inc., 1995.
Maeth, Russell / Botton, Flora & Page Joh: *Dinastía Han*, México, D.F., El Colegio de México, 1984.
Marshall, Chris: *The Complete Book of Chinese Aeroscopes*, Nueva York, NY, Stewart, Tabori & Chang, 1995.
Post, Steven: *The Modern Book of Feng Shui*, Nueva York, Dell Publishing, 1998.
Rossbach, Sarah: *Feng Shui the Chinese Art of Placemcat*, Nueva York, NY, Arkana Books, 1991.
Rossbach, Sarah: *Interior Design With Feng Shui*, Nueva York, NY, Arkana Books, 1987.
Sachs, Bob: *Numerologia China, el Ki de las Nueve Estrellas*, primera edición Barcelona, España, Ediciones Obelisco, S. L., 1995.
Sandifer, Jon: *Feng Shui Astrology*, primera edición, Nueva York, NY, Ballantive Books, 1997.
Sang, Larry: *The Principles of Feng Shui*, edición revisada, The American Feng Shui Institute, 1996.
SantoPietro, Nancy: *Feng Shui Harmony by Design*, primera edición, Nueva York, Perigee Book, 1996.
Simons, T. Raphael: *Feng Shui Step by Step*, Nueva York, NY, Crown Trade Paperbacks, 1996.
Spear, William: *Feng Shui Made Fasy*.
Spear, William: *Feng Shui* (Feng Shui Made Easy), México, D.F. Ediciones Robin Book, S.L. / Editorial Océano de México, S. A. de C. V., 1997.
Sung, Edgar: *Classic Chinese Almanac Year of The Tiger 1998*, San Francisco, CA, MJE Publishing, 1997.
Sung, Edgar: *Practical Use of the Chinese Almanac*, San Francisco, CA, MJE Publishing, 1996.
Tai, Sherman: *Chinese Astrology*, Singapur, Asiapac Book Pte Ltd., 1996.
Thompson, Ángel: *Feng Shui*, Nueva York, NY, St, Martin's Griffin Edition, 1996.
Too, Lillian: *Feng Shui Fundamentals Eight Easy Lesson*, Rockport, MA, Elemental Books Limited, 1997.

Too, Lillian: *Feng Shui Fundamentals, Fame*, Rockport, MA, Element Books Limited, 1997.
Too, Lillian: *Feng Shui Fundamentals, Love*, Rockport, MA, Element Books Limited, 1997.
Too, Lillian: *Feng Shui Fundamentals, Wealth*, Rockpot, MA, Element Books Limited, 1997.
Too, Lillian: *Practical Aplications of Feng Shui*, octava edición, Adelaide, Australia Oriental Publications, 1996.
Too, Lillian: *The Complete Ilustrated Guide to Feng Shui*, Rockport, MA, Element Books Limited, 1996.
Walter, Derek: *El Gran Libro del Feng Shui* (The Feng Shui Handbook), Barcelona, España 1997.
Waring, Philippa: *Feng Shui para Principiantes*, primera edición, Barcelona, España, Ediciones Obelisco, S. L., 1997.
Wilhelm, Hellmat y Willhelm Richard: *Understanding the I Ching, Princeton*, NJ, Princeton University Press, 1995.
Wong, Eva: *Feng Shui, The Ancient Windom of Harmonious Living for Modern Times*, Boston, MA, Shambala Publications, Inc. 1996.
Wydra, Nancilee: *Designing Your Happiness*, primera edición, Torrance, CA, Heian International, Inc., 1995.
Wydra, Nancilee: *Feng Shui, The Book of Cares*, Lincolnwood, Contemporany Books, 1996.
Wydra, Nancilee: *Feng Shui in the Garden*, Lincolnwood, Contemporany Book, 1997.
Xianchun, Tan: *The I Ching*, Singapore, Asiapac Books Pte., Ltd., 1995.

Sobre la autora

ES AGREGADA de la Universidad Anáhuac del Sur, donde estudió la carrera de Diseño Gráfico. Posteriormente se desempeñó como catedrática en la Escuela de Diseño Gráfico y en la escuela de Arquitectura, de la misma Universidad, impartiendo la materia de Geometría Descriptiva.

Se interesó en el estudio del feng shui al encontrar la estrecha relación que tiene con el diseño gráfico y con la arquitectura, ya que a través del feng shui se logra establecer un puente entre los aspectos místicos y esotéricos con los aspectos cotidianos de los seres humanos.

Estudió en el FENG SHUI INSTITUTE OF AMERICA, en donde obtuvo su primer conocimiento como practicante profesional de esta disciplina. Posteriormente estudió con diversos maestros de talla internacional pero, sobre todo, es discípula del profesor Thomas Lin Yun, quien es una de las máximas autoridades en feng shui del mundo, aparte de ser su principal maestro y mentor.

Primera expositora mexicana internacional de feng shui. Constancia de ello fue su participación, como conferenciante, en el Primer Congreso Latinoamericano de feng shui, celebrado en Santafé de Bogotá, Colombia, los días 13, 14 y 15 de marzo de 1998. También, participó como conferencante durante el curso que el propio profesor Lin Yun impartió en la Ciudad de México los días 20 y 21 de junio de 1998.

Durante 1998, en el programa de televisión «Félix en Directo» de televisión mexicana en la ciudad de Toluca,

Estado de México, condujo una sección semanal acerca de tipos de feng shui para mejorar la vida de las personas.

Junto con su esposo, Bruno Koppel, y La Kabbalah, coordina la Primera Certificación Profesional para Practicantes de Feng Shui, que es el programa de capacitación en el tema mas completo del mundo y el cual cuenta con la participación de expositores como Juan M. Álvarez, Lillian Too, Nancy SantoPietro, Edgar Sung, Denisse Linn, entre otros.

En mayo de 1999 sale al mercado su primer libro *Guía fácil de feng shui,* referente a la aplicación de curas y colores en casa basadas en esta técnica, están en proceso de edición cuatro libros más de ella.

Ha sido entrevistada en diversos medios de comunicación, radio, televisión, periódicos y revistas como: *TVAzteca, Organización Radio Centro, Organización Radio Formula*; periódicos: *Reforma, Universal, Excélsior, Televisa* y publicaciones del grupo Televisa como es la revista *Buen Hogar* que en la edición de marzo presenta un articulo original y supervisado por Mónica Koppel.

Expositora en la Third Feng Shui Conference, junto con su esposo, Bruno Koppel, en uno de los congresos más importantes a nivel mundial, en Monterrey, California, USA, en mayo de 1999. Primera y única mexicana.

Ha asesorado tanto a casas habitación como a empresas importantes en México, Colombia y Venezuela.

Ha participado en septiembre de 1999 en el 2.º Congreso Latinoamericano de Feng Shui en Santafé de Bogotá, Colombia, como conferencista.

A finales del mismo mes participó en el Congreso Centroamericano de Arquitectura, celebrado en Guatemala, como conferenciante.

Si quieres ponerte en contacto con ella, lo puedes hacer en sus oficinas:

Heriberto Frías # 1359
Col. Del Valle.
C.P. 04100.
México D.F.
Tels.: 605 75 62 / 605 50 35
E-mail: HIPERVÍNCULO mailto:bkoppel@df1.telmex.net.mx bkoppel@df1.telmex.net.mx
E-mail: HIPERVÍNCULO mailto:monikopp@prodigy.net.mx monikopp@prodigy.net.mx
Websile: HIPERVÍNCULO http://www.lakabbalah.com http://www.lakabbalah.com

Si desean conocer y aprender más de este legendario arte chino, se recomiendan las siguientes direcciones:

Yun Lin.
   Temple
   2959 Russell Street.
   Berkeley, Ca. 94705
   Tel: (510) 8412347
   Fax: (510) 5482621

The Fairy's Ring / Feng
   Shui Cultural Center
   73 Merrick Way
   Coral Gables, Fl 33134
   Tel: (305) 4469315
   Fax: (305) 4485956

La Kabbalah.
   Heriberto Frías 1359
   Col. Del Valle, 03100
   México D.F.
   Tel: (525) 605 75 62
   (625) 605 50 35
   Fax: (625) 605 43 34

Lin Yun
   Monastery
   2 Wheatley Rd.
   Old Wstburry N.Y.
   11568 1207
   Tel: (516) 6267799

The Feng Shui Warehouse
   1130 Scott Street
   San Diego, Ca. 92106
   Tel: (800) 3991599
   (619) 5232158
   Fax: (619) 5232169